Der Steppenwolf

The Steppe Wolf

Volume I / II

German – English

by Hermann Hesse

Translated by Möwenstein

Contents

Harry Hallers Aufzeichnungen

Harry Haller's Notes

1.1 Der Tag war vergangen, wie eben die Tage so
vergehen, ich hatte ihn herumgebracht, hatte
ihn sanft umgebracht, mit meiner primitiven und
schüchternen Art von Lebenskunst;

The day had passed, as days pass, I had made it pass, had
killed it gently, with my primitive and timid way of life;

ich hatte einige Stunden gearbeitet, alte Bücher   1.2
gewälzt, ich hatte zwei Stunden lang Schmerzen
gehabt, wie ältere Leute sie eben haben, hatte
ein Pulver genommen und mich gefreut, daß
die Schmerzen sich überlisten ließen, hatte in
einem heißen Bad gelegen und die liebe Wärme
eingesogen, hatte dreimal die Post empfangen
und all die entbehrlichen Briefe und Drucksachen
durchgesehen, hatte meine Atemübungen gemacht,
die Gedankenübungen aber heut aus Bequemlichkeit
weggelassen, war eine Stunde spazieren gewesen und
hatte schöne, zarte, kostbare Federwölkchenmuster
in den Himmel gezeichnet gefunden.

I had worked for a few hours, poring over old books, I
had ached for two hours, as older people do, I had taken
a powder and rejoiced that the pain could be outwitted, I
had lain in a hot bath and soaked up the dear warmth, I
had received the mail three times and looked through all
the dispensable letters and printed matter, I had done my
breathing exercises, but had omitted the mental exercises
today for comfort, I had gone for an hour's walk and had
found beautiful, delicate, precious feather cloud patterns
drawn in the sky.

Das war sehr hübsch, ebenso wie das Lesen in   1.3
den alten Büchern, wie das Liegen im warmen
Bad, aber – alles in allem – war es nicht gerade ein
entzückender, nicht eben ein strahlender, ein Glücks
- und Freudentag gewesen, sondern eben einer von
diesen Tagen, wie sie für mich nun seit langer Zeit die
normalen und gewohnten sein sollten:

That was very nice, as was reading the old books, as was
lying in the warm bath, but - all in all - it had not exactly
been a delightful, not exactly a radiant, happy and joyful
day, but just one of those days, as they should have been the
normal and usual ones for me for a long time now:

1.4 maßvoll angenehme, durchaus erträgliche, leidliche, laue Tage eines älteren unzufriedenen Herrn, Tage ohne besondere Schmerzen, ohne besondere Sorgen, ohne eigentlichen Kummer, ohne Verzweiflung, Tage, an welchen selbst die Frage, ob es nicht an der Zeit sei, dem Beispiele Adalbert Stifters zu folgen und beim Rasieren zu verunglücken, ohne Aufregung oder Angstgefühle sachlich und ruhig erwogen wird.

moderately pleasant, quite bearable, tiresome, mild days of an elderly, dissatisfied gentleman, days without particular pain, without particular worries, without real sorrow, without despair, days on which even the question of whether it is not time to follow Adalbert Stifter's example and have an accident while shaving is considered objectively and calmly, without excitement or feelings of anxiety.

Wer die anderen Tage geschmeckt hat, die bösen, die   2.1
mit den Gichtanfällen oder die mit jenem schlimmen,
hinter den Augäpfeln festgewurzelten, teuflisch
jede Tätigkeit von Auge und Ohr aus einer Freude
zur Qual verhexenden Kopfweh, oder jene Tage
des Seelensterbens, jene argen Tage der inneren
Leere und Verzweiflung, an denen uns, inmitten
der zerstörten und von Aktiengesellschaften
ausgesogenen Erde, die Menschenwelt und
sogenannte Kultur in ihrem verlogenen und
gemeinen blechernen Jahrmarktsglanz auf Schritt
und Tritt wie ein Brechmittel entgegengrinst,
konzentriert und zum Gipfel der Unleidlichkeit
getrieben im eigenen kranken Ich – wer jene
Höllentage geschmeckt hat, der ist mit solchen
Normal -

Whoever has tasted the other days, the bad ones, the ones
with the attacks of gout or the ones with that terrible
headache that takes root behind the eyeballs, devilishly
bewitching every activity of eye and ear from joy to agony,
or those days of the death of the soul, those bad days of
inner emptiness and despair, on which, in the midst
of the destroyed earth sucked dry by corporations, the
human world and so – called culture in its mendacious and
mean tinny fairground glitter grins at us like an emetic
at every turn, concentrated and driven to the peak of
unpleasantness in our own sick ego -

und Halbundhalbtagen gleich dem heutigen sehr   2.2
zufrieden,

anyone who has tasted those days of hell is very satisfied
with such normal and half-and-half days like today,

dankbar sitzt er am warmen Ofen,   2.3

gratefully he sits by the warm stove,

2.4 **dankbar stellt er beim Lesen des Morgenblattes fest,**
gratefully he realizes while reading the morning paper that
no war has broken out again today,

2.5 **daß auch heute wieder kein Krieg ausgebrochen,**
no new dictatorship has been established,

2.6 **keine neue Diktatur errichtet,**
no particularly blatant mess in politics and business has
been uncovered,

2.7 **keine besonders krasse Schweinerei in Politik und
Wirtschaft aufgedeckt worden ist,**
gratefully he tunes the strings of his rusty lyre to a
moderate,

2.8 **dankbar stimmt er die Saiten seiner verrosteten Leier
zu einem gemäßigten,**
a reasonably cheerful,

2.9 **einem leidlich frohen,**
an almost cheerful psalm of thanks,

2.10 **einem nahezu vergnügten Dankpsalm, mit dem er
seinen stillen,**
with which he bores his quiet, gentle,

2.11 **sanften,**
somewhat bromine-stunned demigod of contentment,

2.12 **etwas mit Brom betäubten
Zufriedenheitshalbundhalbgott langweilt,**
and in the laudatory air of this contented boredom,

2.13 **und in der laudicken Luft dieser zufriedenen
Langeweile,**
this very thankful painlessness,

dieser sehr dankenswerten Schmerzlosigkeit sehen die beiden,
2.14

the two,

der öde nickende Halbundhalbgott und der leicht angegraute,
2.15

the dull,

den gedämpften Psalm singende Halbundhalbmensch,
2.16

nodding demigod and the slightly grayed demigod singing the muted psalm,

einander wie Zwillinge ähnlich.
2.17

look like twins.

Es ist eine schöne Sache um die Zufriedenheit, um die Schmerzlosigkeit, um diese erträglichen geduckten Tage, wo weder Schmerz noch Lust zu schreien wagt, wo alles nur flüstert und auf Zehen schleicht.
3.1

It is a beautiful thing about contentment, about painlessness, about these bearable crouched days where neither pain nor pleasure dares to cry out, where everything only whispers and tiptoes.

Nur steht es mit mir leider so, daß ich gerade diese Zufriedenheit gar nicht gut vertrage, daß sie mir nach kurzer Dauer unausstehlich verhaßt und ekelhaft wird und ich mich verzweiflungsvoll in andre Temperaturen flüchten muß, womöglich auf dem Wege der Lustgefühle, nötigenfalls aber auch auf dem Wege der Schmerzen.
3.2

Unfortunately, it is just that I do not tolerate this contentment very well, that after a short time it becomes obnoxious and disgusting to me and I have to desperately flee into other temperatures, possibly by way of feelings of pleasure, but if necessary also by way of pain.

3.3 Wenn ich eine Weile ohne Lust und ohne Schmerz
war und die laue fade Erträglichkeit sogenannter
guter Tage geatmet habe, dann wird mir in meiner
kindischen Seele so windig weh und elend, daß ich
die verrostete Dankbarkeitsleier dem schläfrigen
Zufriedenheitsgott ins zufriedene Gesicht schmeiße
und lieber einen recht teuflischen Schmerz
in mir brennen fühle als diese bekömmliche
Zimmertemperatur.

If I have been without pleasure and without pain for a
while and have breathed the tepid, insipid tolerability
of so-called good days, then my childish soul becomes so
windy and miserable that I throw the rusty lyre of gratitude
in the satisfied face of the sleepy god of contentment and
prefer to feel a rather devilish pain burning inside me than
this wholesome room temperature.

3.4 Es brennt alsdann in mir eine wilde Begierde nach
starken Gefühlen,

Then a wild desire for strong feelings,

3.5 nach Sensationen, eine Wut auf dies abgetönte,
flache,

for sensations, a rage at this tinted, flat,

3.6 normierte und sterilisierte Leben und eine rasende
Lust,

standardized and sterilized life and a raging desire to smash
something,

3.7 irgend etwas kaputtzuschlagen,

like a department store or a cathedral or myself,

3.8 etwa ein Warenhaus oder eine Kathedrale oder mich
selbst,

burns in me,

verwegene Dummheiten zu begehen, 3.9
to commit audacious stupidities,

ein paar verehrten Götzen die Perücken abzureißen, 3.10
to tear off the wigs of a few revered idols,

ein paar rebellische Schulbuben mit der ersehnten 3.11
Fahrkarte nach Hamburg auszurüsten,
to equip a few rebellious schoolboys with the longed-for
ticket to Hamburg,

ein kleines Mädchen zu verführen oder einigen 3.12
Vertretern der bürgerlichen Weltordnung das Gesicht
ins Genick zu drehen.
to seduce a little girl or to turn a few representatives of the
bourgeois world order inside out.

Denn dies haßte, 3.13
For this is what I hated,

verabscheute und verfluchte ich von allem doch am 3.14
innigsten:
loathed and cursed most of all:

diese Zufriedenheit, diese Gesundheit, Behaglichkeit, 3.15
diesen gepflegten Optimismus des Bürgers,
diese fette gedeihliche Zucht des Mittelmäßigen,
Normalen, Durchschnittlichen.
this contentment, this health, this comfort, this cultivated
optimism of the bourgeois, this fat, prosperous cultivation
of the mediocre, the normal, the average.

In solcher Stimmung also beschloß ich diesen 4.1
leidlichen Dutzendtag bei einbrechender Dunkelheit.
So it was in this mood that I ended this sorry dozen days at
nightfall.

4.2 Ich beschloß ihn nicht auf die für einen etwas leidenden Mann normale und bekömmliche Weise,

I did not end it in the normal and digestible way for a somewhat suffering man,

4.3 indem ich mich von dem bereitstehenden und mit einer Wärmflasche als Köder versehenen Bett einfangen ließ,

by letting myself be caught by the bed that was ready and provided with a hot water bottle as bait,

4.4 sondern indem ich unbefriedigt und angeekelt von meinem bißchen Tagewerk voll Mißmut meine Schuhe anzog,

but by putting on my shoes,

4.5 in den Mantel schlüpfte und mich bei Finsternis und Nebel in die Stadt begab,

unsatisfied and disgusted by my little day's work full of displeasure,

4.6 um im Gasthaus zum Stahlhelm das zu trinken,

slipping into my coat and going into town in the darkness and fog to drink what drinking men call,

4.7 was trinkende Männer nach einer alten Konvention

according to an old convention

4.8 »ein Gläschen Wein« nennen.

"a glass of wine" in the Gasthaus zum Stahlhelm.

So stieg ich denn die Treppen von meiner
Mansarde hinab, diese schwer zu steigenden
Treppen der Fremde, diese durch und durch
bürgerlichen, gebürsteten, sauberen Treppen eines
hochanständigen Dreifamilienmiethauses, in dessen
Dach ich meine Klause habe.

5.1

So I descended the stairs from my garret, those hard-
to-climb stairs of the foreign world, those thoroughly
bourgeois, brushed, clean stairs of a very respectable three-
family rental house, in whose roof I have my hermitage.

Ich weiß nicht, wie das zugeht, aber ich, der
heimatlose Steppenwolf und einsame Hasser
der kleinbürgerlichen Welt, ich wohne immerzu
in richtigen Bürgerhäusern, das ist eine alte
Sentimentalität von mir.

5.2

I don't know how it works, but I, the homeless steppe wolf
and lonely hater of the petty bourgeois world, always live
in proper bourgeois houses, that's an old sentimentality of
mine.

Ich wohne weder in Palästen noch in
Proletarierhäusern, sondern ausgerechnet stets
in diesen hochanständigen, hochlangweiligen,
tadellos gehaltenen Kleinbürgernestern, wo es
nach etwas Terpentin und etwas Seife riecht und wo
man erschrickt, wenn man einmal die Haustür laut
ins Schloß hat fallen lassen oder mit schmutzigen
Schuhen hereinkommt.

5.3

I live neither in palaces nor in proletarian houses,
but always in these highly respectable, highly boring,
impeccably kept petty bourgeois nests, where it smells of a
little turpentine and a little soap and where you get a fright
if you let the front door fall loudly into the lock or come in
with dirty shoes.

5.4 Ich liebe diese Atmosphäre ohne Zweifel aus meinen Kinderzeiten her, und meine heimliche Sehnsucht nach so etwas wie Heimat führt mich, hoffnungslos, immer wieder diese alten dummen Wege.

I undoubtedly love this atmosphere from my childhood days, and my secret longing for something like home leads me, hopelessly, down these old stupid paths again and again.

5.5 Nun ja, und ich habe auch den Kontrast gern, in dem mein Leben, mein einsames, liebloses und gehetztes, durch und durch unordentliches Leben, zu diesem Familien - und Bürgermilieu steht.

Well, and I also like the contrast between my life, my lonely, loveless and rushed, thoroughly untidy life, and this family and middle-class environment.

Ich habe das gern, auf der Treppe diesen Geruch von 5.6
Stille, Ordnung, Sauberkeit, Anstand und Zahmheit
zu atmen, der trotz meines Bürgerhasses immer
etwas Rührendes für mich hat, und habe es gern,
dann über die Schwelle meines Zimmers zu treten,
wo das alles aufhört, wo zwischen den Bücherhaufen
die Zigarrenreste liegen und die Weinflaschen stehen,
wo alles unordentlich, unheimisch und verwahrlost
ist und wo alles, Bücher, Manuskripte, Gedanken,
gezeichnet und durchtränkt ist von der Not der
Einsamen, von der Problematik des Menschseins,
von der Sehnsucht nach einer neuen Sinngebung für
das sinnlos gewordene Menschenleben.

I like to breathe in that smell of silence, order, cleanliness,
decency and tameness on the stairs, which always has
something touching for me despite my bourgeois hatred,
and then I like to step over the threshold of my room,
where it all ends, where the leftover cigars lie among the
piles of books and the bottles of wine, where everything is
untidy, eerie and neglected and where everything - books,
manuscripts, thoughts - is marked and saturated with the
plight of the lonely, with the problems of being human,
with the longing for a new meaning to human life that has
become meaningless.

Und nun kam ich an der Araukarie vorbei. 5.7

And now I passed the Araucaria.

5.8 Nämlich im ersten Stockwerk dieses Hauses führt die Treppe am kleinen Vorplatz einer Wohnung vorüber, die ist ohne Zweifel noch tadelloser, sauberer und gebürsteter als die andern, denn dieser kleine Vorplatz strahlt von einer übermenschlichen Gepflegtheit, er ist ein leuchtender kleiner Tempel der Ordnung.

On the second floor of this house, the staircase leads past the small forecourt of an apartment, which is undoubtedly even more immaculate, clean and brushed than the others, because this small forecourt radiates a superhuman neatness, it is a shining little temple of order.

5.9 Auf einem Parkettboden, den zu betreten man sich scheut, stehen da zwei zierliche Schemel und auf jedem Schemel ein großer Pflanzentopf, im einen wächst eine Azalee, im andern eine ziemlich stattliche Araukarie, ein gesunder, strammer Kinderbaum von größter Vollkommenheit, und noch die letzte Nadel am letzten Zweig strahlt von frischester Abgewaschenheit.

On a parquet floor, which one shies away from stepping on, there are two graceful stools and on each stool a large plant pot, in one grows an azalea, in the other a rather stately araucaria, a healthy, strapping children's tree of the greatest perfection, and even the last needle on the last branch shines with the freshest wash.

Zuweilen, wenn ich mich unbeobachtet weiß,   5.10
benütze ich diese Stätte als Tempel, setze mich
über der Araukarie auf eine Treppenstufe, ruhe ein
wenig, falte die Hände und blicke andächtig hinab in
diesen kleinen Garten der Ordnung, dessen rührende
Haltung und einsame Lächerlichkeit mich irgendwie
in der Seele ergreift.

Sometimes, when I know I am not being watched, I use this
place as a temple, sit down on a step above the araucaria,
rest for a while, fold my hands and gaze devoutly down
into this little garden of order, whose touching posture and
lonely ridiculousness somehow take hold of my soul.

Ich vermute hinter diesem Vorplatz, gewissermaßen   5.11
im heiligen Schatten der Araukarie, eine
Wohnung voll von strahlendem Mahagoni und
ein Leben voll Anstand und Gesundheit, mit
Frühaufstehen, Pflichterfüllung, gemäßigt heitern
Familienfesten, sonntäglichem Kirchgang und
frühem Schlafengehen.

I suspect that behind this forecourt, in the sacred shadow
of the araucaria as it were, there is an apartment full of
gleaming mahogany and a life full of decency and health,
with early rising, fulfillment of duties, moderately cheerful
family celebrations, going to church on Sundays and going
to bed early.

Mit gespielter Munterkeit trabte ich über den feucht   6.1
beschlagenen Asphalt der Gassen, tränend und
umflort blickten die Laternenlichter durch die
kühlfeuchte Trübe und sogen träge Spiegellichter
aus dem nassen Boden.

I trotted over the damp, steamy asphalt of the alleyways
with feigned cheerfulness, the lantern lights gazing
through the cool, damp gloom and so-called sluggish
mirror lights from the wet ground.

6.2   Meine vergessenen Jünglingsjahre fielen mir ein –

My forgotten youthful years came to mind –

6.3   wie habe ich damals solche finstre und trübe Abende im Spätherbst und Winter geliebt, wie gierig und berauscht sog ich damals die Stimmungen der Einsamkeit und Melancholie, wenn ich halbe Nächte, in den Mantel gehüllt, bei Regen und Sturm durch die feindliche, entblätterte Natur lief, einsam auch damals schon, aber voll tiefen Genießens und voll von Versen, die ich nachher bei Kerzenlicht in meiner Kammer, auf dem Bettrand sitzend, aufschrieb!

how I loved such dark and gloomy evenings in late fall and winter, how greedily and intoxicated I soaked up the moods of loneliness and melancholy when I spent half the night, wrapped in my coat, walking through the hostile, defoliated nature in the rain and storm, lonely even then, but full of deep enjoyment and full of verses, which I wrote down afterwards by candlelight in my room, sitting on the edge of my bed!

6.4   Nun, dies war vorüber, dieser Becher war ausgetrunken und wurde mir nicht mehr gefüllt.

Well, that was over, this cup had been drunk and was no longer filled.

6.5   War es schade darum? Es war nicht schade darum.

Was it a pity? It was not a pity.

6.6   Es war um nichts schade, was vorüber war.

It wasn't a pity that it was over.

Schade war es um das Jetzt und Heute, um all
diese ungezählten Stunden und Tage, die ich
verlor, die ich nur erlitt, die weder Geschenke noch
Erschütterungen brachten.

6.7

It was a pity for the here and now, for all those countless
hours and days that I lost, that I only suffered, that brought
neither gifts nor shocks.

Aber Gott sei gelobt, es gab auch Ausnahmen, es gab
zuweilen, selten, auch andre Stunden, die brachten
Erschütterungen, brachten Geschenke, rissen Wände
ein und brachten mich Verirrten wieder zurück ans
lebendige Herz der Welt.

6.8

But praise God, there were also exceptions, there were
sometimes, rarely, other hours that brought shocks,
brought gifts, tore down walls and brought me, who had
lost my way, back to the living heart of the world.

Traurig und doch zu innerst angeregt suchte ich
mich des letzten Erlebnisses dieser Art zu erinnern.

6.9

Sad and yet deeply moved, I tried to remember the last
experience of this kind.

6.10 Es war bei einem Konzert gewesen, eine herrliche alte Musik wurde gespielt, da war zwischen zwei Takten eines von Holzbläsern gespielten Piano mir plötzlich wieder die Tür zum Jenseits aufgegangen, ich hatte Himmel durchflogen und Gott an der Arbeit gesehen, hatte selige Schmerzen gelitten und mich gegen nichts mehr in der Welt gewehrt, mich vor nichts mehr in der Welt gefürchtet, hatte alles bejaht, hatte an alles mein Herz hingegeben.

It had been at a concert, some wonderful old music was being played, and between two bars of a piano played by woodwinds, the door to the other world had suddenly opened for me again, I had flown through heaven and seen God at work, had suffered blissful pain and no longer resisted anything in the world, no longer feared anything in the world, had affirmed everything, had given my heart to everything.

6.11 Es hatte nicht lange gedauert, vielleicht eine Viertelstunde, aber es war im Traum jener Nacht wiedergekehrt und hatte seither, durch alle die öden Tage, hin und wieder heimlich aufgeglänzt, ich sah es zuweilen für Minuten deutlich wie eine goldene göttliche Spur durch mein Leben gehen, fast immer tief im Kot und Staub verschüttet, dann wieder in goldnen Funken vorleuchtend, nie mehr verlierbar scheinend und dennoch bald wieder tief verloren.

It had not lasted long, perhaps a quarter of an hour, but it had returned in the dream of that night, and since then, through all the dreary days, it had shone out secretly from time to time, I saw it now and then for minutes clearly like a golden divine trace going through my life, almost always buried deep in the dung and dust, then shining forth again in golden sparks, never seeming to be lost again, and yet soon deeply lost again.

Einmal geschah es nachts, daß ich im Wachliegen   6.12
plötzlich Verse sagte, Verse viel zu schön und viel zu
wunderlich, als daß ich daran hätte denken dürfen,
sie aufzuschreiben, die ich am Morgen nicht mehr
wußte und die doch in mir verborgen lagen wie die
schwere Nuß in einer alten brüchigen Schale.

Once it happened at night that I suddenly said verses while
lying awake, verses far too beautiful and far too strange
for me to have thought of writing them down, which I
no longer knew in the morning and yet which lay hidden
inside me like a heavy nut in an old cracked shell.

Ein andermal kam es beim Lesen eines Dichters,   6.13
beim Nachdenken eines Gedankens von Descartes,
von Pascal, ein andres Mal leuchtete es wieder auf
und führte mit goldner Spur weiter in die Himmel,
wenn ich bei meiner Geliebten war.

At other times it came to me while reading a poet, while
pondering a thought by Descartes, by Pascal, at other times
it lit up again and led me with a golden trace further into
the heavens when I was with my beloved.

Ach, es ist schwer, diese Gottesspur zu finden   6.14
inmitten dieses Lebens, das wir führen, inmitten
dieser so sehr zufriedenen, so sehr bürgerlichen, so
sehr geistlosen Zeit, im Anblick dieser Architekturen,
dieser Geschäfte, dieser Politik, dieser Menschen!

Oh, it is hard to find this trace of God in the midst of this
life we lead, in the midst of this so very contented, so
very bourgeois, so very spiritless time, in the sight of this
architecture, this business, this politics, this people!

Wie sollte ich nicht ein Steppenwolf und ruppiger   6.15
Eremit sein inmitten einer Welt, von deren Zielen ich
keines teile, von deren Freuden keine zu mir spricht!

How could I not be a tumbleweed and a gruff hermit in
the midst of a world whose goals I share none of, whose
pleasures speak to me none of!

6.16 Ich kann weder in einem Theater noch in einem
Kino lange aushalten, kann kaum eine Zeitung lesen,
selten ein modernes Buch, ich kann nicht verstehen,
welche Lust und Freude es ist, die die Menschen in
den überfüllten Eisenbahnen und Hotels, in den
überfüllten Cafés bei schwüler aufdringlicher Musik,
in den Bars und Varietés der eleganten Luxusstädte
suchen, in den Weltausstellungen, auf den Korsos, in
den Vorträgen für Bildungsdurstige, auf den großen
Sportplätzen –

I can't stand being in a theater or a cinema for long, I
can hardly read a newspaper, rarely a modern book, I
can't understand the pleasure and joy that people take in
crowded trains and hotels, in crowded cafés with sultry,
intrusive music, in the bars and variety shows of the
elegant luxury cities, at the world's fairs, at the corsos,
at the lectures for those thirsty for education, on the big
sports fields –

6.17 ich kann all diese Freuden, die mir ja erreichbar
wären und um die tausend andre sich mühen und
drängen, nicht verstehen, nicht teilen.

I cannot understand, cannot share all these pleasures,
which would be within my reach and which a thousand
others are struggling and crowding for.

6.18 Und was hingegen mir in meinen seltnen
Freudenstunden geschieht, was für mich Wonne,
Erlebnis, Ekstase und Erhebung ist, das kennt und
sucht und liebt die Welt höchstens in Dichtungen, im
Leben findet sie es verrückt.

And what happens to me in my rare hours of joy, what for
me is bliss, experience, ecstasy and exaltation, the world
knows and seeks and loves at most in poetry, in life it finds
it crazy.

Und in der Tat, wenn die Welt recht hat, wenn diese   6.19
Musik in den Cafés, diese Massenvergnügungen,
diese amerikanischen, mit so wenigem zufriedenen
Menschen recht haben, dann habe ich unrecht,
dann bin ich verrückt, dann bin ich wirklich der
Steppenwolf, den ich mich oft nannte, das in eine
ihm fremde und unverständliche Welt verirrte Tier,
das seine Heimat, Luft und Nahrung nicht mehr
findet.

And indeed, if the world is right, if this music in the cafés,
these mass pleasures, these American people who are
satisfied with so little are right, then I am wrong, then I am
crazy, then I really am the steppe wolf that I often called
myself, the animal lost in a strange and incomprehensible
world that can no longer find its home, air and food.

Mit diesen gewohnten Gedanken lief ich auf der   7.1
nassen Straße weiter, durch eins der stillsten und
ältesten Quartiere der Stadt.

With these familiar thoughts, I walked on along the wet
street, through one of the quietest and oldest quarters of
the city.

Da stand gegenüber, jenseits der Gasse,   7.2

There, across the alley,

in der Finsternis eine alte graue Steinmauer,   7.3

in the darkness,

die ich immer gerne sah,   7.4

stood an old gray stone wall that I always liked to see,

sie stand immer so alt und unbekümmert da,   7.5

it always stood there so old and unconcerned,

7.6 zwischen einer kleinen Kirche und einem alten Hospital,

between a small church and an old hospital,

7.7 auf ihrer rauhen Fläche ließ ich bei Tage oft meine Augen ausruhen,

on its rough surface I often let my eyes rest during the day,

7.8 es gab wenige so stille, gute,

there were few such quiet, good,

7.9 schweigende Flächen in der innern Stadt,

silent areas in the inner city,

7.10 wo ja sonst auf jedem halben Quadratmeter ein Geschäft,

where otherwise on every half square meter a store,

7.11 ein Advokat, ein Erfinder, ein Arzt,

a lawyer, an inventor, a doctor,

7.12 ein Barbier oder Hühneraugenheilkünstler einem seinen Namen entgegenschrie.

a barber or corn healer shouted his name at you.

7.13 Auch jetzt wieder sah ich die alte Mauer still in ihrem Frieden liegen, und doch war etwas an ihr verändert, ich sah ein kleines hübsches Portal mit einem Spitzbogen in der Mitte der Mauer und wurde irr, denn ich wußte wahrhaftig nicht mehr, ob dies Portal immer dagewesen oder neu hinzugekommen war.

Once again, I saw the old wall lying quietly in its peace, and yet something about it had changed, I saw a pretty little portal with a pointed arch in the middle of the wall and I was confused, for I really didn't know whether this portal had always been there or whether it was a new addition.

Alt sah es ohne Zweifel aus, uralt; 7.14

It undoubtedly looked old, ancient;

vermutlich hatte die kleine geschlossene Pforte mit 7.15
ihrer dunklen Holztür schon vor Jahrhunderten
in irgendeinen verschlafenen Klosterhof geführt
und tat es heute noch, wenn auch das Kloster nicht
mehr stand, und wahrscheinlich hatte ich das Tor
hundertmal gesehen und bloß nie beachtet, vielleicht
war es frisch bemalt und fiel mir darum auf.

the small closed gateway with its dark wooden door had
probably led into some sleepy monastery courtyard
centuries ago and still did today, even if the monastery
was no longer standing, and I had probably seen the gate
a hundred times and just never noticed it, perhaps it was
freshly painted and that's why it caught my eye.

Immerhin blieb ich stehen und blickte aufmerksam 7.16
hinüber, ohne doch hinüber zu gehen, die Straße
dazwischen war gar so bodenlos erweicht und naß;

At any rate, I stopped and looked over attentively without
going over, the street in between was so soft and wet;

ich blieb auf dem Trottoir und schaute bloß hinüber, 7.17
es war alles schon sehr nächtig, und mir schien, um
die Pforte sei ein Kranz oder sonst etwas Buntes
geflochten.

I stayed on the sidewalk and just looked over, it was all very
nocturnal, and it seemed to me that a wreath or something
colorful had been woven around the gate.

Und jetzt, wo ich mir Mühe gab, genauer zu sehen, 7.18
sah ich über dem Portal ein helles Schild, auf dem
stand, so schien mir, irgend etwas geschrieben.

And now that I made an effort to look more closely, I saw
a bright sign above the portal, on which, it seemed to me,
something was written.

7.19 **Ich strengte die Augen an, und schließlich ging ich trotz Schmutz und Pfützen hinüber.**
I strained my eyes and finally went over despite the dirt and puddles.

7.20 **Da sah ich über dem Portal auf dem alten Graugrün der Mauer einen Fleck matt beschienen, und über den Fleck liefen bewegliche bunte Buchstaben und verschwanden alsbald wieder, kamen wieder und verflogen.**
Above the portal, I saw a dull spot on the old gray-green wall, and moving, colorful letters ran across the spot and soon disappeared again, came back and vanished.

7.21 **Nun haben sie, dachte ich, richtig auch diese alte gute Mauer zu einer Lichtreklame mißbraucht!**
Now, I thought, they've really misused this good old wall as a neon sign!

7.22 **Indessen entzifferte ich einige der flüchtig erscheinenden Worte, sie waren schwer zu lesen und mußten halb erraten werden, die Buchstaben kamen mit ungleichen Zwischenräumen, so blaß und hinfällig, und erloschen so rasch.**
Meanwhile, I deciphered some of the fleeting words, they were difficult to read and had to be half guessed, the letters came with uneven spaces, so pale and faint, and went out so quickly.

7.23 **Der Mann, der damit sein Geschäft machen wollte, war nicht tüchtig, er war ein Steppenwolf, armer Kerl;**
The man who wanted to do his business with them was not efficient, he was a tumbleweed, poor fellow;

warum ließ er seine Buchstaben hier auf dieser 7.24
Mauer im finstersten Gäßchen der Altstadt spielen,
zu dieser Tageszeit, bei Regenwetter, wo niemand
hier unterwegs war, und warum waren sie so
flüchtig, so hingeweht, so launisch und unleserlich?
why did he let his letters play here on this wall in the
darkest alley of the old town, at this time of day, in rainy
weather, when no one was out and about, and why were
they so fleeting, so blown away, so capricious and illegible?

Aber halt, jetzt gelang es mir, hintereinander konnte 7.25
ich mehrere Worte erhaschen, die hießen:
But wait, now I managed to catch several words one after
the other:

Magisches Theater 8.1
Magic theater

Eintritt nicht für jedermann 9.1
Admission not for everyone

– nicht für jedermann 10.1
– not for everyone

Ich versuchte die Pforte zu öffnen, 11.1
I tried to open the gate,

die schwere alte Klinke bewegte sich auf keinen 11.2
Druck.
the heavy old handle wouldn't budge under any pressure.

11.3 Das Buchstabenspiel war zu Ende, plötzlich hatte es aufgehört, traurig, seiner Vergeblichkeit inne geworden.

The game of letters was over, it had suddenly stopped, sadly, realizing its futility.

11.4 Ich trat einige Schritte zurück, trat tief in den Schmutz, es kamen keine Buchstaben mehr, das Spiel war erloschen, lange blieb ich im Schmutz stehen und wartete, vergebens.

I took a few steps back, stepped deep into the dirt, there were no more letters, the game was over, I stood in the dirt for a long time and waited, in vain.

12.1 Da, als ich es aufgab und schon auf den Bürgersteig zurückgekehrt war, tropften vor mir her ein paar farbige Lichtbuchstaben über den spiegelnden Asphalt.

As I gave up and had already returned to the sidewalk, a few colored letters of light dripped across the reflective asphalt in front of me.

13.1 Ich las:

I read:

14.1 Nur — für — Ver — rückte!

Only - - for - - - back - - up!

15.1 Ich hatte nasse Füße bekommen und fror,

I had gotten my feet wet and was freezing,

15.2 dennoch blieb ich noch eine ganze Weile wartend stehen.

but I stayed waiting for quite a while.

Nichts mehr. 15.3
Nothing more.

Während ich noch stand und dachte, wie hübsch 15.4
die zarten bunten Buchstabenirrlichter über die
feuchte Mauer und den schwarzglänzenden Asphalt
gegeistert waren, fiel mir plötzlich wieder ein
Bruchstück aus meinen vorigen Gedanken ein:
While I was still standing and thinking about how
beautifully the delicate, colorful letter lights had flashed
across the damp wall and the shiny black asphalt, I
suddenly remembered a fragment from my previous
thoughts:

das Gleichnis von der golden aufleuchtenden Spur, 15.5
die so plötzlich wieder fern und unauffindbar ist.
the parable of the golden glowing trail that is so suddenly
distant and untraceable.

Ich fror und ging nun weiter, jener Spur 16.1
nachträumend, voll Sehnsucht nach der Pforte zu
einem Zaubertheater, nur für Verrückte.
I froze and walked on, dreaming of that trail, full of longing
for the gate to a magic theater, only for crazy people.

Ich hatte inzwischen die Marktgegend betreten, wo 16.2
es an Abendunterhaltungen nicht fehlte, alle paar
Schritte hing ein Plakat und warb eine Tafel:
In the meantime I had entered the market area, where
there was no lack of evening entertainment, every few
steps there was a poster and a billboard advertising:

Damenkapelle – Varieté – Kino – Tanzabend – , 16.3
ladies' band – variety show – cinema – dance evening – ,

aber dies alles war nichts für mich, es war für 16.4
but none of this was for me, it was for

16.5 »Jedermann«, für Normale, welche ich denn auch überall in Scharen durch die Pforten drängen sah.

"everyone", for normal people, whom I saw crowding through the doors everywhere.

16.6 Trotzdem war meine Traurigkeit ein wenig aufgehellt, es hatte mich doch ein Gruß der andern Welt berührt, ein paar farbige Buchstaben hatten getanzt und auf meiner Seele gespielt und an verborgene Akkorde gerührt, ein Schimmer der goldenen Spur war wieder sichtbar gewesen.

Nevertheless, my sadness had lightened a little, I had been touched by a greeting from the other world, a few colored letters had danced and played on my soul and touched hidden chords, a glimmer of the golden trace had been visible again.

17.1 Ich suchte die kleine altväterische Kneipe auf, in der sich seit meinem ersten Aufenthalt in dieser Stadt, vor wohl fünfundzwanzig Jahren, nichts geändert hat, auch die Wirtin ist noch die von damals, und manche von den heutigen Gästen saßen auch damals schon hier, am gleichen Platz, vor den gleichen Gläsern.

I went to the small, old-fashioned pub, where nothing has changed since my first visit to this town, probably twenty-five years ago; the landlady is still the same as she was back then, and some of today's guests were already sitting here, in the same place, in front of the same glasses.

17.2 Ich trat in das bescheidene Wirtshaus, hier war Zuflucht.

I stepped into the modest inn, it was a refuge.

Zwar war es nur eine Zuflucht wie etwa die auf der 17.3
Treppe bei der Araukarie, auch hier fand ich nicht
Heimat und Gemeinschaft, fand nur einen stillen
Zuschauerplatz, vor einer Bühne, auf der fremde
Leute fremde Stücke spielten, aber schon dieser stille
Platz war etwas wert:

Admittedly, it was only a refuge like the one on the stairs
near the Araukarie, here too I did not find a home and
community, I only found a quiet spectator's seat in front of
a stage on which strangers played strange pieces, but even
this quiet place was worth something:

keine Menschenmenge, kein Geschrei, keine 17.4
Musik, bloß ein paar ruhige Bürger an ungedeckten
Holztischen (kein Marmor, kein Emailblech, kein
Plüsch, kein Messing!)

no crowds, no shouting, no music, just a few quiet citizens
at uncovered wooden tables (no marble, no enamel sheet,
no plush, no brass!)

und vor jedem ein Abendtrunk, ein guter solider 17.5
Wein.

and in front of each one an evening drink, a good solid
wine.

Vielleicht waren diese paar Stammgäste, die ich vom 17.6
Sehen alle kannte, richtige Philister und hatten zu
Hause in ihren Philisterwohnungen öde Hausaltäre
vor blöden Zufriedenheitsgötzen stehen, vielleicht
auch waren sie vereinsamte und entgleiste Burschen
wie ich, stille gedankenvolle Säufer über bankrotten
Idealen, Steppenwölfe und arme Teufel auch sie;

Perhaps these few regulars, all of whom I knew by sight,
were real philistines and had dull house altars in front of
stupid idols of contentment in their philistine apartments,
or perhaps they were lonely and derailed fellows like me,
quiet, thoughtful drunkards with bankrupt ideals, steppe
wolves and poor devils too;

17.7 ich wußte es nicht.

I didn't know.

17.8 Jeden von ihnen zog ein Heimweh, eine Enttäuschung, ein Bedürfnis nach Ersatz hierher, der Verheiratete suchte hier die Atmosphäre seiner Junggesellenzeit, der alte Beamte die Anklänge seiner Studentenjahre, alle waren sie ziemlich schweigsam, und alle waren sie Trinker und saßen gleich mir lieber vor einem halben Liter Elsässer als vor einer Damenkapelle.

Each of them was drawn here by a homesickness, a disappointment, a need for a substitute, the married man sought the atmosphere of his bachelor days here, the old civil servant the echoes of his student years, they were all rather taciturn, and they were all drinkers and, like me, preferred to sit in front of a pint of Alsatian rather than a ladies' chapel.

17.9 Hier warf ich Anker, hier war es für eine Stunde auszuhalten, auch für zwei.

I dropped anchor here, it was bearable for an hour, even for two.

17.10 Kaum hatte ich einen Schluck Elsässer genommen, so spürte ich, daß ich heut noch nichts gegessen hatte außer dem Frühstücksbrot.

No sooner had I taken a sip of Alsatian than I realized that I hadn't eaten anything today except breakfast bread.

18.1 Wunderlich, was der Mensch alles schlucken kann!

It's amazing what people can swallow!

Wohl zehn Minuten las ich in einer Zeitung, ließ
durch das Auge den Geist eines verantwortungslosen
Menschen in mich hinein, der die Worte anderer
im Munde breit kaut und sie eingespeichelt, aber
unverdaut wieder von sich gibt.

18.2

I spent ten minutes reading a newspaper, letting the mind
of an irresponsible person into me through my eyes, who
chews the words of others broadly in their mouths and
then spits them out again, salivated but undigested.

Das nahm ich zu mir, eine ganze Spalte lang.

18.3

I ingested this for a whole column.

Und alsdann fraß ich ein gutes Stück von der Leber,
die man aus dem Leib eines totgeschlagenen Kalbes
geschnitten hatte.

18.4

And then I ate a good piece of liver that had been cut from
the body of a dead calf.

Wunderlich! Das Beste war der Elsässer.

18.5

Wonderful! The best was the Alsatian.

Ich habe die wilden heftigen Weine nicht
gern, wenigstens nicht für den Alltag, die mit
starken Reizen um sich werfen und berühmte
Spezialgeschmäcke haben.

18.6

I don't like the wild, strong wines, at least not for everyday
drinking, which are full of strong flavors and have famous
special tastes.

Ich liebe am meisten ganz reine, leichte, bescheidene
Landweine ohne besondere Namen, man kann viel
davon vertragen, und sie schmecken so gut und
freundlich nach Land und Erde und Himmel und
Gehölz.

18.7

I love pure, light, modest country wines with no special
names the most, you can drink a lot of them and they taste
so good and friendly of land and earth and sky and wood.

18.8 **Ein Becher Elsässer und ein Stück gutes Brot, das ist die beste aller Mahlzeiten.**

A cup of Alsatian and a piece of good bread is the best of all meals.

18.9 **Nun aber hatte ich schon eine Portion Leber in mir, aparter Genuß für mich, der selten Fleisch ißt, und hatte den zweiten Becher vor mir stehen.**

But now I already had a portion of liver in me, a special treat for me who rarely eats meat, and I had the second cup in front of me.

18.10 **Auch das war wunderlich, daß da irgendwo in grünen Tälern von gesunden braven Menschen Reben gebaut wurden und Wein gekeltert wurde, damit hier und dort in der Welt, weit von ihnen entfernt, einige enttäuschte, still schöppelnde Bürger und ratlose Steppenwölfe sich ein wenig Mut und Laune aus ihren Bechern saugen konnten.**

It was strange, too, that somewhere in green valleys healthy, good people were growing vines and making wine so that here and there in the world, far away from them, a few disappointed, quietly mewling citizens and helpless steppe wolves could suck a little courage and spirits from their cups.

19.1 **Meinetwegen, mochte es wunderlich sein!**

As far as I'm concerned, it may be strange!

19.2 **Es war gut, es half, die Laune kam.**

It was good, it helped, my mood improved.

Über den Wortbrei des Zeitungsartikels stieg mir 19.3
nachträglich ein erleichterndes Gelächter auf, und
urplötzlich fiel mir die vergessene Melodie jenes
Bläserpiano wieder ein, wie eine kleine spiegelnde
Seifenblase stieg sie in mir hoch, glänzte, spiegelte
bunt und klein die ganze Welt und ging sanft wieder
auseinander.

Afterwards, a relieving laughter rose up over the mush
of words in the newspaper article, and all of a sudden I
remembered the forgotten melody of that wind piano,
like a little reflective soap bubble it rose up in me, shone,
reflected the whole world in a colorful and small way and
gently disappeared again.

Wenn es möglich gewesen war, daß diese himmlische 19.4
kleine Melodie heimlich in meiner Seele wurzelte
und eines Tages in mir ihre holde Blume wieder mit
allen lieben Farben emportrieb, konnte ich da ganz
verloren sein?

If it had been possible for this heavenly little melody to
take root secretly in my soul and one day to raise its lovely
flower in me again with all its lovely colors, could I have
been completely lost?

War ich auch ein verirrtes Tier, das seine Umwelt 19.5
nicht begriff, so war doch ein Sinn in meinem
törichten Leben, etwas in mir gab Antwort, war
Empfänger für Anrufe aus fernen hohen Welten, in
meinem Gehirn waren tausend Bilder gestapelt:

Even if I was a lost animal that did not understand its
environment, there was still a meaning in my foolish life,
something in me gave an answer, was a receiver for calls
from distant high worlds, a thousand images were stacked
in my brain:

20.1 Giottosche Engelscharen aus einem kleinen blauen
Kirchengewölbe in Padua, und neben ihnen
gingen Hamlet und die bekränzte Ophelia, schöne
Gleichnisse aller Trauer und alles Mißverständnisses
in der Welt, da stand im brennenden Ballon der
Luftschiffer Gianozzo und stieß ins Horn, trug Attila
Schmelzle seinen neuen Hut in der Hand, stieß der
Borobudur sein Skulpturengebirg in die Lüfte.

Giotto's flocks of angels from a small blue church vault
in Padua, and beside them walked Hamlet and the
crowned Ophelia, beautiful parables of all sorrow and
misunderstanding in the world, there stood the airman
Gianozzo in the burning balloon and blew his horn, Attila
Schmelzle carried his new hat in his hand, the Borobudur
thrust his sculpture mountain into the air.

20.2 Und mochten alle diese schönen Gestalten auch
in tausend andern Herzen leben, es waren noch
zehntausend andere, unbekannte Bilder und Klänge
da, deren Heimat und sehendes Auge und hörendes
Ohr einzig in mir innen lebte.

And even if all these beautiful figures lived in a thousand
other hearts, there were still ten thousand other, unknown
images and sounds whose home and seeing eye and hearing
ear lived only within me.

20.3 Die alte Hospitalmauer mit dem alten, verwitterten,
fleckigen Graugrün, in deren Rissen und
Verwitterungen tausend Fresken zu ahnen waren –

The old hospital wall with the old, weathered, stained
gray-green, in whose cracks and weathering a thousand
frescoes could be sensed –

20.4 wer gab ihr Antwort, wer ließ sie in seine Seele ein,
wer liebte sie, wer empfand den Zauber ihrer zart
hinsterbenden Farben?

who answered it, who let it into his soul, who loved it, who
felt the magic of its delicately dying colors?

Die alten Bücher der Mönche, mit den sanft 20.5
leuchtenden Miniaturen, und die von ihrem Volk
vergessenen Bücher der deutschen Dichter vor
zweihundert und vor hundert Jahren, alle die
abgegriffenen und stockfleckigen Bände, und die
Drucke und Handschriften der alten Musiker, die
festen, gelblichen Notenblätter mit ihren erstarrten
Tonträumen –

The old books of the monks, with their softly glowing
miniatures, and the books of the German poets of two
hundred and a hundred years ago, forgotten by their
people, all the worn and fox-stained volumes, and the
prints and manuscripts of the old musicians, the firm,
yellowish sheets of music with their frozen dreams of
sound –

wer hörte ihre geistvollen, ihre schelmischen und 20.6
sehnsüchtigen Stimmen, wer trug ein Herz voll von
ihrem Geist und ihrem Zauber durch eine andere,
ihnen entfremdete Zeit?

who heard their witty, their mischievous and yearning
voices, who carried a heart full of their spirit and their
magic through another time, alienated from them?

Wer gedachte noch jener kleinen, zähen Zypresse 20.7
hoch am Berge über Gubbio, die von einem
Steinsturz geknickt und gespalten war und doch
das Leben festgehalten und einen neuen, spärlichen
Notwipfel getrieben hatte?

Who still remembered that small, tough cypress tree high
on the mountain above Gubbio, which had been bent
and split by a falling rock and yet had held on to life and
sprouted a new, sparse top?

Wer ward der fleißigen Hausmutter im ersten Stock 20.8
und ihrer blanken Araukarie gerecht?

Who did justice to the hard-working matron on the second
floor and her bare araucaria?

20.9 **Wer las nachts überm Rhein die Wolkenschriften der ziehenden Nebel?**

Who read the cloud writings of the drifting mists over the Rhine at night?

20.10 **Es war der Steppenwolf.**

It was the Steppenwolf.

20.11 **Und wer suchte über den Trümmern seines Lebens den zerflatternden Sinn, litt das scheinbar Unsinnige, lebte das scheinbar Verrückte, hoffte heimlich im letzten irren Chaos noch Offenbarung und Gottesnähe?**

And who searched for the fluttering meaning above the ruins of his life, suffered the seemingly nonsensical, lived the seemingly crazy, secretly hoped for revelation and closeness to God in the last mad chaos?

21.1 **Ich hielt meinen Becher fest, den die Wirtin mir wieder füllen wollte, und stand auf.**

I held on to my cup, which the landlady wanted to fill again, and stood up.

21.2 **Ich brauchte keinen Wein mehr.**

I didn't need any more wine.

21.3 **Die goldne Spur war aufgeblitzt, ich war ans Ewige erinnert, an Mozart, an die Sterne.**

The golden trace had flashed up, I was reminded of the eternal, of Mozart, of the stars.

21.4 **Ich konnte wieder für eine Stunde atmen, konnte leben, durfte dasein, brauchte nicht Qualen zu leiden, mich nicht zu fürchten, mich nicht zu schämen.**

I could breathe again for an hour, I could live, I was allowed to be, I didn't have to suffer agony, I didn't have to be afraid, I didn't have to be ashamed.

Der vom kalten Wind gezauste dünne Sprühregen 22.1
klirrte um die Laternen und blitzte mit glasigem
Geflimmer, als ich auf die stillgewordene Straße
hinaustrat.

The thin drizzle, tousled by the cold wind, clinked around
the lanterns and flashed with a glassy shimmer as I stepped
out onto the silent street.

Jetzt wohin? 22.2

Where to now?

Hätte ich in diesem Augenblick über einen 22.3
Wunschzauber verfügt, so hätte sich mir nun ein
kleiner hübscher Saal dargeboten, Stil Louis Seize,
wo ein paar gute Musiker mir zwei, drei Stücke von
Händel und Mozart gespielt hätten.

If I had had a magic wish at that moment, I would have
been presented with a pretty little hall, Louis Seize style,
where a couple of good musicians would have played me
two or three pieces by Handel and Mozart.

Dazu wäre ich jetzt gestimmt gewesen und hätte 22.4
die kühle, edle Musik geschlürft, wie Götter Nektar
schlürfen.

I would have been in the mood for it and would have sipped
the cool, noble music like gods sipping nectar.

Oh, wenn ich jetzt einen Freund gehabt hätte, einen 22.5
Freund in irgendeiner Dachkammer, der bei einer
Kerze grübelt und die Violine danebenliegen hat!

Oh, if I had had a friend now, a friend in some garret,
brooding by a candle with the violin lying beside him!

22.6 Wie hätte ich ihn in seiner Nachtstille beschlichen,
wäre lautlos durchs winklige Treppenhaus
emporgeklettert und hätte ihn überrascht, und wir
hätten mit Gespräch und Musik ein paar überirdische
Nachtstunden gefeiert!

How I would have crept up on him in the silence of the
night, climbed silently through the winding staircase
and surprised him, and we would have celebrated a few
unearthly hours of the night with conversation and music!

22.7 Oft hatte ich dies Glück gekostet, einst, in
vergangenen Jahren, aber auch dies hatte sich mit
der Zeit von mir entfernt und losgelöst, verwelkte
Jahre lagen zwischen hier und dort.

I had often tasted this happiness, once upon a time, in years
gone by, but it too had become distant and detached from
me over time, withered years lay between here and there.

22.8 Zögernd trat ich den Heimweg an, schlug den
Mantelkragen hoch und stieß den Stock aufs nasse
Pflaster.

Hesitantly, I made my way home, turned up the collar of my
coat and pushed the stick onto the wet pavement.

22.9 Mochte ich den Weg noch so langsam zurücklegen,
allzubald würde ich wieder in meiner Mansarde
sitzen, in meiner kleinen Scheinheimat, die ich nicht
liebte und doch nicht entbehren konnte, denn die
Zeit war für mich vorüber, wo ich eine winterliche
Regennacht laufend im Freien verbringen konnte.

No matter how slowly I made my way back, all too soon I
would be back in my garret, in my little sham home that I
didn't love and yet couldn't do without, because the time
was over for me when I could spend a wintry rainy night
walking outside.

Nun, in Gottes Namen, ich wollte mir die gute 22.10
Abendlaune nicht verderben lassen, nicht vom Regen,
nicht von der Gicht, nicht von der Araukarie, und
wenn kein Kammerorchester zu haben und auch
kein einsamer Freund mit einer Violine zu finden
war, so klang jene holde Melodie doch in mir innen,
und ich konnte sie, leise summend im rhythmischen
Atemholen, doch andeutend mir selber vorspielen.
Well, in God's name, I didn't want to let the good evening
mood be spoiled, not by the rain, not by the gout, not by the
araucaria, and even if there was no chamber orchestra to
be had and no lonely friend with a violin to be found, that
lovely melody still sounded inside me, and I could play it to
myself, humming softly while rhythmically catching my
breath, but hinting at it.

Sinnend schritt ich weiter. 22.11
Pondering, I walked on.

Nein, es ging auch ohne die Kammermusik und 22.12
ohne den Freund, und es war lächerlich, sich in
machtlosem Verlangen nach Wärme zu verzehren.
No, I could do without the chamber music and without my
friend, and it was ridiculous to be consumed by a powerless
desire for warmth.

Einsamkeit ist Unabhängigkeit, 22.13
Loneliness is independence,

ich hatte sie mir gewünscht und mir erworben in 22.14
langen Jahren.
I had wished for it and acquired it over many years.

22.15 Sie war kalt, o ja, sie war aber auch still, wunderbar still und groß wie der kalte stille Raum, in dem die Sterne sich drehen.

It was cold, oh yes, but it was also quiet, wonderfully quiet and vast like the cold, silent space in which the stars revolve.

23.1 Aus einem Tanzlokal, an dem ich vorüberkam, scholl mir, heiß und roh wie der Dampf von rohem Fleisch, eine heftige Jazzmusik entgegen.

From a dance hall I was passing, hot and raw as the steam from raw meat, a heavy jazz music blared towards me.

23.2 Ich blieb einen Augenblick stehen;

I stopped for a moment;

23.3 immer hatte diese Art von Musik, sosehr ich sie verabscheute, einen heimlichen Reiz für mich.

this kind of music, however much I detested it, always had a secret attraction for me.

23.4 Jazz war mir zuwider, aber sie war mir zehnmal lieber als alle akademische Musik von heute, sie traf mit ihrer frohen rohen Wildheit auch bei mir tief in die Triebwelt und atmete eine naive redliche Sinnlichkeit.

I detested jazz, but I liked it ten times better than all the academic music of today; with its joyful, raw wildness it struck deep into my instincts and breathed a naive, honest sensuality.

24.1 Ich stand einen Augenblick schnuppernd, roch an der blutigen grellen Musik, witterte böse und lüstern die Atmosphäre dieser Säle.

I stood sniffing for a moment, smelling the bloody, garish music, smelling the atmosphere of these halls wickedly and lustfully.

Die eine Hälfte dieser Musik, die lyrische, 24.2
war schmalzig, überzuckert und troff von
Sentimentalität, die andre Hälfte war wild, launisch
und kraftvoll, und doch gingen beide Hälften naiv
und friedlich zusammen und gaben ein Ganzes.

One half of this music, the lyrical half, was schmaltzy,
over-sugared and dripping with sentimentality, the other
half was wild, moody and powerful, and yet both halves
went together naively and peacefully and formed a whole.

Untergangsmusik war es, im Rom der letzten Kaiser 24.3
mußte es ähnliche Musik gegeben haben.

It was music of doom; there must have been similar music
in the Rome of the last emperors.

Natürlich war sie, mit Bach und Mozart und 24.4
wirklicher Musik verglichen, eine Schweinerei –

Of course, compared to Bach and Mozart and real music, it
was a mess –

aber das war all unsre Kunst, all unser Denken, all 24.5
unsre Scheinkultur, sobald man sie mit wirklicher
Kultur verglich.

but that was all our art, all our thinking, all our fake
culture, as soon as you compared it with real culture.

Und diese Musik hatte den Vorzug einer großen 24.6
Aufrichtigkeit, einer liebenswerten unverlogenen
Negerhaftigkeit und einer frohen, kindlichen Laune.

And this music had the advantage of great sincerity, a
lovable, untruthful Negro-ness and a cheerful, childlike
mood.

Sie hatte etwas vom Neger und etwas vom 24.7
Amerikaner,

It had something of the Negro and something of the
American,

24.8 der uns Europäern in all seiner Stärke so knabenhaft frisch und kindlich erscheint.

who seems so boyishly fresh and childlike to us Europeans in all his strength.

24.9 Würde Europa auch so werden? War es schon auf dem Wege dazu?

Would Europe become like that? Was it already on the way?

24.10 Waren wir alten Kenner und Verehrer des einstigen Europa, der einstigen echten Musik, der ehemaligen echten Dichtung, waren wir bloß eine kleine dumme Minorität von komplizierten Neurotikern, die morgen vergessen und verlacht würden?

Were we old connoisseurs and admirers of the former Europe, the former real music, the former real poetry, were we just a small, stupid minority of complicated neurotics who would be forgotten and ridiculed tomorrow?

24.11 War das, was wir

Was what we called

24.12 »Kultur«, was wir Geist, was wir Seele, was wir schön, was wir heilig nannten, war das bloß ein Gespenst, schon lange tot und nur von uns paar Narren noch für echt und lebendig gehalten?

"culture", what we called spirit, what we called soul, what we called beautiful, what we called sacred, was it just a ghost, long dead and only considered real and alive by us few fools?

24.13 War es vielleicht überhaupt nie echt und lebendig gewesen?

Had it perhaps never been real and alive at all?

War das, worum wir Narren uns mühten, schon immer vielleicht nur ein Phantom gewesen? 24.14

Had what we fools were striving for perhaps always been just a phantom?

Das alte Stadtviertel nahm mich auf, 25.1

The old quarter took me in,

erloschen und unwirklich stand im Grau die kleine Kirche. 25.2

the small church stood extinguished and unreal in the gray.

Plötzlich fiel mir das Erlebnis vom Abend wieder ein, mit der rätselhaften Spitzbogentür, mit der rätselhaften Tafel darüber, mit den spöttisch tanzenden Lichtbuchstaben. 25.3

Suddenly I remembered the experience of the evening, with the mysterious pointed arch door, the enigmatic plaque above it, the mockingly dancing letters of light.

Wie hatten ihre Inschriften gelautet? 25.4

What had their inscriptions read?

»Eintritt nicht für jedermann.« Und: »Nur für Verrückte.« 25.5

"Admission not for everyone." And: "Only for mad people."

Prüfend blickte ich zu der alten Mauer hinüber, heimlich wünschend, der Zauber möge wieder beginnen, die Inschrift mich Verrückten einladen, das kleine Tor mich einlassen. 25.6

I looked over to the old wall, secretly wishing that the magic would begin again, that the inscription would invite me madman, that the little gate would let me in.

25.7 Dort vielleicht war das, was ich begehrte, dort vielleicht würde meine Musik gespielt?

Perhaps what I desired was there, perhaps my music would be played there?

26.1 Gelassen sah die dunkle steinerne Wand mich an, in tiefer Dämmerung, zugeschlossen tief in ihren Traum versunken.

The dark stone wall looked at me calmly, in deep twilight, locked deep in its dream.

26.2 Und nirgends ein Tor, nirgends ein Spitzbogen, nur dunkle, stille Mauer ohne Loch.

And nowhere a gate, nowhere a pointed arch, just a dark, silent wall without a hole.

26.3 Lächelnd ging ich weiter, nickte dem Gemäuer freundlich zu.

Smiling, I walked on, nodding friendly to the walls.

26.4 »Schlaf wohl, Mauer, ich wecke dich nicht.

"Sleep well, wall, I won't wake you.

26.5 Die Zeit wird kommen, da sie dich einreißen oder dich mit ihren habgierigen Firmenschildern bekleben, aber noch bist du da, noch bist du schön und still und bist mir lieb.«

The time will come when they tear you down or cover you with their greedy company signs, but you're still here, you're still beautiful and quiet and dear to me."

Aus einer schwarzen Gassenschlucht dicht vor mir   27.1
gespien erschreckte mich ein Mensch, ein einsamer
später Heimkehrer mit müdem Schritt, eine Mütze
auf dem Kopf, mit einer blauen Bluse angetan, über
die Schulter trug er eine Stange mit einem Plakat, vor
dem Bauch trug er am Riemen eine offene Lade, wie
sie die Verkäufer an Jahrmärkten tragen.

From a black ravine close in front of me, I was startled by a
man, a lonely late returnee with a tired stride, a cap on his
head, dressed in a blue blouse, carrying a pole with a poster
over his shoulder, an open chest on a strap in front of his
stomach, like the ones vendors carry at fairs.

Müde schritt er vor mir her, sah sich nicht nach mir   27.2
um, sonst hätte ich ihn gegrüßt und ihm eine Zigarre
geschenkt.

He walked wearily ahead of me, not looking around for me,
otherwise I would have greeted him and given him a cigar.

Im Licht der nächsten Laterne versuchte ich seine   27.3
Standarte zu lesen, sein rotes Plakat an der Stange,
aber es schwankte hin und her, ich konnte nichts
entziffern.

In the light of the nearest lantern, I tried to read his
standard, his red placard on the pole, but it swayed back
and forth, I couldn't decipher anything.

Da rief ich ihn an und bat ihn, mir das Plakat zu   27.4
zeigen.

Then I called him and asked him to show me the poster.

Er blieb stehen und hielt seine Stange etwas gerader,   27.5
da konnte ich tanzende, taumelnde Buchstaben
lesen:

He stopped and held his pole a little straighter, so I could
read the dancing, wobbling letters:

28.1 **Anarchistische Abendunterhaltung!**
Anarchist evening entertainment!

29.1 **Magisches Theater!**
Magical theater!

30.1 **Eintritt nicht für jed ...**
Admission not for everyone ...

31.1 **»Sie habe ich ja gesucht«, rief ich freudig.**
"I've been looking for you", I exclaimed happily.

31.2 **»Was ist das mit Ihrer Abendunterhaltung? Wo ist sie?**
"What's this about your evening entertainment?
Where is it?

31.3 **Wann?«**
When? "

32.1 **Er lief schon wieder.**
He was running again.

33.1 **»Nicht für jedermann«, sagte er gleichgültig, mit schläfriger Stimme, und lief.**
"Not for everyone", he said indifferently, in a sleepy voice, and ran.

33.2 **Er hatte genug, er wollte heim.**
He'd had enough, he wanted to go home.

34.1 **»Halt«, rief ich und lief ihm nach.**
"Stop", I shouted and ran after him.

»Was haben Sie da in Ihrem Kasten? 34.2

"What have you got in your box?

Ich will Ihnen etwas abkaufen.« 34.3

I want to buy something from you."

Ohne anzuhalten, griff der Mann in seinen Kasten, 35.1
mechanisch, zog ein kleines Büchlein heraus und
hielt es mir hin.

Without stopping, the man reached into his box,
mechanically, pulled out a small booklet and
held it out to me.

Ich nahm es schnell und steckte es ein. 35.2

I quickly took it and pocketed it.

Während ich an meinem Mantel knöpfte und 35.3
Geld hervorsuchen wollte, bog er seitwärts in
einen Torweg, zog das Tor hinter sich zu und war
verschwunden.

While I was buttoning my coat and looking for money,
he turned sideways into a doorway, pulled the gate shut
behind him and disappeared.

Im Hof klangen seine schweren Schritte, auf 35.4
Steinpflaster erst, dann auf einer hölzernen Treppe,
dann hörte ich nichts mehr.

His heavy footsteps sounded in the courtyard, first on stone
paving, then on a wooden staircase, then I heard nothing
more.

Und plötzlich war auch ich sehr müde und hatte 35.5
das Gefühl, es sei sehr spät und es sei gut, jetzt
heimzukommen.

And suddenly I was very tired too and had the feeling that it
was very late and it was good to get home now.

35.6 Ich lief rascher und war bald durch die schlafende
Vorstadtgasse in meine Gegend zwischen den
Wallanlagen gelangt, wo in kleinen saubern
Mietshäusern hinter etwas Rasen und Efeu die
Beamten und kleinen Rentner wohnen.

I walked faster and soon made my way through the sleeping
suburban lane to my neighborhood between the ramparts,
where the civil servants and small pensioners live in small,
clean apartment buildings behind some lawns and ivy.

35.7 Am Efeu, am Rasen, an der kleinen Tanne vorbei
erreichte ich die Haustür, fand das Schlüsselloch,
fand den Drücker für das Licht, schlich an den
Glastüren, an den polierten Schränken und
Topfpflanzen vorüber und schloß meine Stube auf,
meine kleine Scheinheimat, wo der Lehnstuhl und
der Ofen, das Tintenfaß und die Malschachtel, der
Novalis und der Dostojewski auf mich warteten, so,
wie auf andere, auf richtige Menschen, wenn sie
heimkommen, die Mutter oder Frau, die Kinder, die
Mägde, die Hunde, die Katzen warten.

Past the ivy, past the lawn, past the small fir tree, I reached
the front door, found the keyhole, found the push-button
for the light, crept past the glass doors, past the polished
cupboards and potted plants and unlocked my living
room, my little sham home, where the armchair and the
stove, the inkwell and the paint box, the Novalis and the
Dostoyevsky were waiting for me, just as the mother or
wife, the children, the maids, the dogs, the cats wait for
others, for real people, when they come home.

36.1 Als ich den nassen Mantel auszog,

As I took off my wet coat,

36.2 fiel das kleine Buch mir wieder in die Hände.

the little book fell into my hands again.

Ich zog es heraus, es war ein dünnes, schlecht auf 36.3
schlechtem Papier gedrucktes Jahrmarktsbüchlein,
so wie jene Hefte
I pulled it out, it was a thin, poorly printed fairground
booklet on bad paper, just like those booklets

»Der Mensch im Januar geboren« oder 36.4
"Man born in January" or

»Wie werde ich in acht Tagen um zwanzig Jahre 36.5
jünger?«
"How do I become twenty years younger in eight days?"

Aber als ich mich in den Lehnstuhl genistet und die 37.1
Lesebrille aufgesetzt hatte,
But as I settled into my armchair and put on my reading
glasses,

las ich mit Verwunderung und plötzlich 37.2
aufschießendem Schicksalsgefühl auf dem Umschlag
dieses Jahrmarktheftes den Titel:
I read the title on the cover of this fairground magazine
with astonishment and a sudden sense of destiny:

»Traktat vom Steppenwolf. Nicht für jedermann.« 37.3
"Tract from Steppenwolf. Not for everyone."

Und folgendes war der Inhalt der Schrift, 38.1
And the following was the content of the text,

die ich mit stets wachsender Spannung in einem Zuge 38.2
las:
which I read in one go with ever-increasing excitement:

Tractat vom Steppenwolf

Tract from the Steppenwolf

1.1 **Es war einmal einer namens Harry,**

Once upon a time there was a man called Harry,

1.2 **genannt der Steppenwolf.**

known as the Steppenwolf.

1.3 **Er ging auf zwei Beinen, trug Kleider und war ein Mensch, aber eigentlich war er doch eben ein Steppenwolf.**

He walked on two legs, wore clothes and was a human being, but he was actually a Steppenwolf.

1.4 **Er hatte vieles von dem gelernt, was Menschen mit gutem Verstande lernen können, und war ein ziemlich kluger Mann.**

He had learned much of what people with good sense can learn and was a pretty clever man.

1.5 **Was er aber nicht gelernt hatte, war dies:**

But what he had not learned was this:

1.6 **mit sich und seinem Leben zufrieden zu sein.**

to be content with himself and his life.

Dies konnte er nicht, er war ein unzufriedener   1.7
Mensch.

He couldn't do that, he was a dissatisfied man.

Das kam wahrscheinlich daher, daß er im Grunde   1.8
seines Herzens jederzeit wußte (oder zu wissen
glaubte), daß er eigentlich gar kein Mensch, sondern
ein Wolf aus der Steppe sei.

This was probably because in his heart of hearts he always
knew (or thought he knew) that he was not really a man at
all, but a wolf from the steppe.

Es mögen sich kluge Menschen darüber streiten,   1.9
ob er nun wirklich ein Wolf war, ob er einmal,
vielleicht schon vor seiner Geburt, aus einem Wolf
in einen Menschen verzaubert worden war oder
ob er als Mensch geboren, aber mit der Seele eines
Steppenwolfes begabt und von ihr besessen war oder
aber ob dieser Glaube, daß er eigentlich ein Wolf sei,
bloß eine Einbildung oder Krankheit von ihm war.

Clever people may argue about whether he really was a
wolf, whether he had once, perhaps even before his birth,
been enchanted from a wolf into a human, or whether he
was born a human but endowed with the soul of a steppe
wolf and possessed by it, or whether this belief that he was
actually a wolf was merely a figment of his imagination or a
disease.

1.10 Zum Beispiel wäre es ja möglich, daß dieser Mensch etwa in seiner Kindheit wild und unbändig und unordentlich war, daß seine Erzieher versucht hatten, die Bestie in ihm totzukriegen, und ihm gerade dadurch die Einbildung und den Glauben schufen, daß er in der Tat eigentlich eine Bestie sei, nur mit einem dünnen Überzug von Erziehung und Menschentum darüber.

For example, it is possible that this person was wild and unruly and disorderly in his childhood, that his educators had tried to kill the beast in him and thereby created the imagination and the belief that he was in fact a beast, only with a thin coating of education and humanity over it.

1.11 Man könnte hierüber lang und unterhaltend sprechen und sogar Bücher darüber schreiben;

One could talk about this at length and entertainingly and even write books about it;

1.12 dem Steppenwolf aber wäre damit nicht gedient, denn für ihn war es ganz einerlei, ob der Wolf in ihn hineingehext oder - geprügelt oder aber nur eine Einbildung seiner Seele sei.

but it would not serve the Steppenwolf, for it was quite immaterial to him whether the wolf had been bewitched or beaten into him or was merely a figment of his soul.

1.13 Was andre darüber denken mochten und auch was er selbst darüber denken mochte, das war für ihn nichts wert, das holte den Wolf doch nicht aus ihm heraus.

What others might think about it, and what he himself might think about it, was worth nothing to him, it didn't get the wolf out of him.

Der Steppenwolf hatte also zwei Naturen, eine 2.1
menschliche und eine wölfische, dies war sein
Schicksal, und es mag wohl sein, daß dies Schicksal
kein so besonderes und seltenes war.

The Steppenwolf thus had two natures, one human and one
wolfish, this was his fate, and it may well be that this fate
was not such a special and rare one.

Es sollen schon viele Menschen gesehen worden sein, 2.2
welche viel vom Hund oder vom Fuchs, vom Fisch
oder von der Schlange in sich hatten, ohne daß sie
darum besondre Schwierigkeiten gehabt hätten.

It is said that many people have been seen who had much
of the dog or the fox, the fish or the snake in them, without
having any particular difficulties.

Bei diesen Menschen lebte eben der Mensch und der 2.3
Fuchs, der Mensch und der Fisch nebeneinander
her, und keiner tat dem andern weh, einer half
sogar dem andern, und in manchem Manne, der
es weit gebracht hat und beneidet wird, war es mehr
der Fuchs oder Affe als der Mensch, der sein Glück
gemacht hat.

Among these people man and fox, man and fish lived side
by side, and neither hurt the other, one even helped the
other, and in many a man who has gone far and is envied,
it was more the fox or monkey than the man who made his
fortune.

Dies ist ja jedermann bekannt. 2.4

Everyone knows this.

2.5 **Bei Harry hingegen war es anders, in ihm liefen Mensch und Wolf nicht nebeneinander her, und noch viel weniger halfen sie einander, sondern sie lagen in ständiger Todfeindschaft gegeneinander, und einer lebte dem andern lediglich zu Leide, und wenn Zwei in Einem Blut und Einer Seele miteinander todfeind sind, dann ist das ein übles Leben.**

With Harry, however, it was different; in him man and wolf did not run side by side, and still less did they help each other, but they were in constant mortal enmity against each other, and one lived only to harm the other, and when two are mortal enemies in one blood and one soul, then that is an evil life.

2.6 **Nun, jeder hat sein Los, und leicht ist keines.**

Well, everyone has their lot, and none of them is easy.

3.1 **Bei unsrem Steppenwolfe nun war es so, daß er in seinem Gefühl zwar bald als Wolf, bald als Mensch lebte, wie es bei allen Mischwesen der Fall ist, daß aber, wenn er Wolf war, der Mensch in ihm stets zuschauend, urteilend und richtend auf der Lauer lag –**

Now it was so with our Steppenwolf that in his feelings he lived sometimes as a wolf, sometimes as a man, as is the case with all mixed creatures, but that when he was a wolf the man in him always lay in wait watching, judging and condemning –

3.2 **und in den Zeiten, wo er Mensch war, tat der Wolf ebenso.**

and in the times when he was a man the wolf did likewise.

Zum Beispiel, wenn Harry als Mensch einen schönen 3.3
Gedanken hatte, eine feine, edle Empfindung fühlte
oder eine sogenannte gute Tat verrichtete, dann
bleckte der Wolf in ihm die Zähne und lachte und
zeigte ihm mit blutigem Hohn, wie lächerlich dieses
ganze edle Theater einem Steppentier zu Gesicht
stehe, einem Wolf, der ja in seinem Herzen ganz
genau darüber Bescheid wußte, was ihm behage,
nämlich einsam durch Steppen zu traben, zuzeiten
Blut zu saufen oder eine Wölfin zu jagen –

For example, when Harry as a human had a beautiful
thought, felt a fine, noble emotion or performed a so-called
good deed, the wolf in him bared his teeth and laughed
and showed him with bloody scorn how ridiculous all this
noble theater was to a steppe animal, a wolf who knew in
his heart exactly what he was comfortable with, namely
trotting alone through the steppes, drinking blood at times
or hunting a she- wolf –

und, vom Wolf aus gesehen, wurde dann jede 3.4
menschliche Handlung schauerlich komisch und
verlegen, dumm und eitel.

and, seen from the wolf's point of view, every human
action then became gruesomely comical and embarrassed,
stupid and vain.

Aber ganz ebenso war es, wenn Harry sich als Wolf 3.5
fühlte und benahm, wenn er andern die Zähne
zeigte, wenn er Haß und Todfeindschaft gegen
alle Menschen und ihre verlogenen und entarteten
Manieren und Sitten fühlte.

But it was quite the same when Harry felt and behaved as
a wolf, when he showed his teeth to others, when he felt
hatred and mortal enmity towards all humans and their
mendacious and degenerate manners and customs.

3.6 Dann nämlich lag das Menschenteil in ihm auf der Lauer, beobachtete den Wolf, nannte ihn Vieh und Bestie und verdarb und vergällte ihm alle Freude an seinem einfachen, gesunden und wilden Wolfswesen.

For then the human part in him lay in wait, watching the wolf, calling him cattle and beast and spoiling and spoiling all joy in his simple, healthy and wild wolf nature.

4.1 So war dies mit dem Steppenwolf beschaffen, und man kann sich vorstellen, daß Harry nicht gerade ein angenehmes und glückliches Leben hatte.

This was the case with the Steppenwolf, and one can imagine that Harry did not exactly have a pleasant and happy life.

4.2 Doch soll damit nicht gesagt sein, daß er in ganz besonderem Grade unglücklich gewesen sei (obwohl es ihm selber allerdings so erschien, wie denn jeder Mensch die ihm zufallenden Leiden für die größten hält).

But this is not to say that he was particularly unhappy (although it seemed so to him, as every man considers the sufferings that befall him to be the greatest).

4.3 Man sollte das von keinem Menschen sagen.

This should not be said of any human being.

4.4 Auch wer keinen Wolf in sich hat, braucht darum nicht glücklich zu sein.

Even those who have no wolf in them need not be happy.

4.5 Und auch das unglücklichste Leben hat seine Sonnenstunden und seine kleinen Glücksblumen zwischen dem Sand und Gestein.

And even the most unhappy life has its hours of sunshine and its little flowers of happiness among the sand and rocks.

So war es denn auch bei dem Steppenwolf. 4.6

So it was with the Steppenwolf.

Er war meistens sehr unglücklich, das ist nicht zu 4.7
leugnen, und unglücklich konnte er auch andre
machen, nämlich wenn er sie liebte und sie ihn.

He was usually very unhappy, that cannot be denied, and
he could also make others unhappy, namely when he loved
them and they loved him.

Denn alle, die ihn lieb gewannen, sahen immer nur 4.8
die eine Seite in ihm.

Because everyone who loved him only ever saw one side of
him.

Manche liebten ihn als einen feinen, klugen und 4.9
eigenartigen Menschen und waren dann entsetzt
und enttäuscht, wenn sie plötzlich den Wolf in ihm
entdecken mußten.

Some loved him as a fine, clever and peculiar man and were
then horrified and disappointed when they suddenly had to
discover the wolf in him.

Und das mußten sie, denn Harry wollte, wie jedes 4.10
Wesen, als Ganzes geliebt werden und konnte darum
gerade vor denen, an deren Liebe ihm viel gelegen
war, den Wolf nicht verbergen und weglügen.

And they had to, because Harry, like every being, wanted
to be loved as a whole and therefore could not hide the
wolf from those whose love was important to him and lie
about it.

4.11 Es gab aber auch solche, die gerade den Wolf in ihm liebten, gerade das Freie, Wilde, Unzähmbare, Gefährliche und Starke, und diesen wieder war es dann außerordentlich enttäuschend und jämmerlich, wenn plötzlich der wilde, böse Wolf auch noch ein Mensch war, auch noch Sehnsucht nach Güte und Zartheit in sich hatte, auch noch Mozart hören, Verse lesen und Menschheitsideale haben wollte.

But there were also those who loved the wolf in him, the free, wild, untamable, dangerous and strong, and for them it was extremely disappointing and miserable when suddenly the wild, evil wolf was also a human being, still had a longing for kindness and tenderness in him, still wanted to listen to Mozart, read verses and have ideals of humanity.

4.12 Gerade diese waren meistens besonders enttäuscht und böse, und so brachte der Steppenwolf seine eigene Doppeltheit und Zwiespältigkeit auch in alle fremden Schicksale hinein, die er berührte.

These were usually particularly disappointed and evil, and so the Steppenwolf brought his own duplicity and ambivalence into all the foreign destinies he touched.

5.1 Wer nun aber meint, den Steppenwolf zu kennen und sein klägliches, zerrissenes Leben sich vorstellen zu können, der ist dennoch im Irrtum, er weiß noch lange nicht alles.

But anyone who thinks they know the Steppenwolf and can imagine his miserable, torn life is still mistaken, they don't know everything.

Er weiß nicht, daß es (wie keine Regel ohne 5.2
Ausnahme und wie ein einziger Sünder unter
Umständen Gott lieber ist als neunundneunzig
Gerechte) –

He does not know that (just as no rule is without exception
and just as one sinner is under certain circumstances
dearer to God than ninety-nine righteous people) –

daß es bei Harry immerhin auch Ausnahmen und 5.3
Glücksfälle gab, daß er zuweilen den Wolf, zuweilen
den Menschen auch rein und ungestört in sich atmen,
denken und fühlen konnte, ja, daß beide manchmal,
in sehr seltenen Stunden, Frieden schlossen und
einander zu Liebe lebten, so daß nicht bloß der eine
schlief, während der andre wachte, sondern beide
einander stärkten und jeder den andern verdoppelte.

that in Harry's case, after all, there were exceptions and
lucky breaks, that sometimes he could breathe the wolf,
sometimes the man, purely and undisturbed within
himself, and could think and feel, yes, that sometimes,
in very rare hours, both made peace and lived in love
with each other, so that not only one slept while the
other watched, but both strengthened each other and
each doubled the other.

Auch im Leben dieses Mannes schien, wie überall 5.4
in der Welt, zuweilen alles Gewohnte, Alltägliche,
Erkannte und Regelmäßige bloß den Zweck zu
haben, hie und da eine sekundenkurze Pause
zu erleben, durchbrochen zu werden und dem
Außerordentlichen, dem Wunder, der Gnade Platz
zu machen.

In this man's life, too, as everywhere else in the world,
everything that was familiar, everyday, recognized
and regular seemed at times to have the sole purpose of
experiencing a brief pause here and there, of being broken
through and making room for the extraordinary, the
miraculous, grace.

5.5 Ob nun diese kurzen, seltenen Glücksstunden das schlimme Los des Steppenwolfes ausglichen und milderten, so daß Glück und Leid sich schließlich die Waage hielten, oder ob vielleicht sogar das kurze, aber starke Glück jener wenigen Stunden alles Leid aufsog und ein Plus ergab, das ist nun wieder eine Frage, über welche müßige Leute nach Belieben brüten mögen.

Now whether these brief, rare hours of happiness balanced out and softened the bad lot of the Steppenwolf, so that happiness and suffering finally balanced each other out, or whether perhaps even the brief but strong happiness of those few hours absorbed all suffering and resulted in a plus, that is again a question about which idle people may brood at will.

5.6 Auch der Wolf brütete oft darüber,

The wolf often brooded over it too,

5.7 und das waren seine müßigen und unnützen Tage.

and those were his idle and useless days.

6.1 Hierzu muß eines noch gesagt werden.

One thing needs to be said about this.

6.2 Es gibt ziemlich viele Menschen von ähnlicher Art, wie Harry einer war, viele Künstler namentlich gehören dieser Art an.

There are quite a lot of people of a similar kind to Harry, many artists by name belong to this species.

Diese Menschen haben alle zwei Seelen, zwei Wesen   6.3
in sich, in ihnen ist Göttliches und Teuflisches, ist
mütterliches und väterliches Blut, ist Glücksfähigkeit
und Leidensfähigkeit ebenso feindlich und
verworren neben - und ineinander vorhanden, wie
Wolf und Mensch in Harry es waren.

These people all have two souls, two beings within them, in
them there is divine and devilish, maternal and paternal
blood, the capacity for happiness and the capacity for
suffering are just as hostile and confusedly present side by
side and within each other as wolf and man were in Harry.

Und diese Menschen, deren Leben ein sehr   6.4
unruhiges ist, erleben zuweilen in ihren seltenen
Glücksaugenblicken so Starkes und unnennbar
Schönes, der Schaum des Augenblicksglückes spritzt
zuweilen so hoch und blendend über das Meer des
Leides hinaus, daß dies kurze aufleuchtende Glück
ausstrahlend auch andere berührt und bezaubert.

And these people, whose lives are very restless, sometimes
experience something so strong and unimaginably
beautiful in their rare moments of happiness, the foam
of momentary happiness sometimes splashes so high and
dazzlingly over the sea of suffering that this brief, shining
happiness also touches and enchants others.

6.5 So entstehen, als kostbarer flüchtiger Glücksschaum über dem Meer des Leides, alle jene Kunstwerke, in welchen ein einzelner leidender Mensch sich für eine Stunde so hoch über sein eigenes Schicksal erhob, daß sein Glück wie ein Stern strahlt und allen denen, die es sehen, wie etwas Ewiges und wie ihr eigener Glückstraum erscheint.

Thus, as a precious, fleeting foam of happiness above the sea of suffering, all those works of art are created in which a single suffering person rises for an hour so high above his own fate that his happiness shines like a star and appears to all those who see it like something eternal and like their own dream of happiness.

6.6 Alle diese Menschen, mögen ihre Taten und Werke heißen wie sie wollen, haben eigentlich überhaupt kein Leben, das heißt, ihr Leben ist kein Sein, hat keine Gestalt, sie sind nicht Helden oder Künstler oder Denker in der Art, wie andere Richter, Ärzte, Schuhmacher oder Lehrer sind, sondern ihr Leben ist eine ewige, leidvolle Bewegung und Brandung, ist unglücklich und schmerzvoll zerrissen und ist schauerlich und sinnlos, sobald man den Sinn nicht in ebenjenen seltenen Erlebnissen, Taten, Gedanken und Werken zu sehen bereit ist, die über dem Chaos eines solchen Lebens aufstrahlen.

All these people, whatever their deeds and works may be called, have in fact no life at all, that is, their life is not a being, has no form, they are not heroes or artists or thinkers in the way that others are judges, doctors, shoemakers or teachers, but their life is an eternal, painful movement and surf, is unhappy and painfully torn apart and is gruesome and meaningless as soon as one is not prepared to see the meaning in those rare experiences, deeds, thoughts and works that shine above the chaos of such a life.

Unter den Menschen dieser Art ist der gefährliche 6.7
und schreckliche Gedanke entstanden, daß vielleicht
das ganze Menschenleben nur ein arger Irrtum, eine
heftige und mißglückte Fehlgeburt der Urmutter,
ein wilder und grausig fehlgeschlagener Versuch der
Natur sei.

Among people of this kind, the dangerous and terrible
thought has arisen that perhaps the whole of human life is
just a bad mistake, a violent and unsuccessful miscarriage
of the primordial mother, a wild and horribly failed
attempt of nature.

Unter ihnen ist aber auch der andere Gedanke 6.8
entstanden, daß der Mensch vielleicht nicht bloß ein
halbwegs vernünftiges Tier, sondern ein Götterkind
und zur Unsterblichkeit bestimmt sei.

Among them, however, the other idea also arose that man
was perhaps not merely a halfway rational animal, but a
child of the gods and destined for immortality.

Jede Menschenart hat ihre Kennzeichen, ihre 7.1
Signaturen, jede hat ihre Tugenden und Laster, jede
ihre Todsünde.

Every human species has its characteristics, its signatures,
each has its virtues and vices, each its mortal sin.

Es gehörte zu den Zeichen des Steppenwolfes, daß er 7.2
ein Abendmensch war.

It was one of the signs of the Steppenwolf that he was an
evening person.

Der Morgen war für ihn eine schlimme Tageszeit, 7.3

Morning was a terrible time of day for him,

die er fürchtete und die ihm niemals Gutes gebracht 7.4
hat.

which he dreaded and which never brought him any good.

7.5 Nie ist er an irgendeinem Morgen seines Lebens richtig froh gewesen, nie hat er in den Stunden vor Mittag Gutes getan, gute Einfälle gehabt, sich und anderen Freude bereiten können.

He was never really happy on any morning of his life, he never did anything good in the hours before noon, had good ideas, was able to give himself and others pleasure.

7.6 Erst im Laufe des Nachmittags wurde er langsam warm und lebendig, und erst gegen Abend wurde er, an seinen guten Tagen, fruchtbar, regsam und zuweilen glühend und freudig.

Only in the course of the afternoon did he slowly become warm and lively, and only towards evening, on his good days, did he become fertile, lively and sometimes glowing and joyful.

7.7 Damit hing auch sein Bedürfnis nach Einsamkeit und nach Unabhängigkeit zusammen.

His need for solitude and independence was also related to this.

7.8 Nie hat ein Mensch ein tieferes leidenschaftlicheres Bedürfnis nach Unabhängigkeit gehabt als er.

Never has a man had a deeper, more passionate need for independence than he did.

7.9 In seiner Jugendzeit, als er noch arm war und Mühe hatte, sein Brot zu verdienen, zog er es vor, zu hungern und in zerrissenen Kleidern zu gehen, nur um dafür ein Stückchen Unabhängigkeit zu retten.

In his youth, when he was still poor and struggled to earn his bread, he preferred to go hungry and in tattered clothes just to save a bit of independence.

Er hat sich nie für Geld und Wohlleben, nie an Frauen   7.10
oder an Mächtige verkauft und hat hundertmal das,
was in aller Welt Augen sein Vorteil und Glück war,
weggeworfen und ausgeschlagen, um dafür seine
Freiheit zu bewahren.

He never sold himself for money and pleasure, never sold
himself to women or to the powerful, and a hundred times
he threw away and refused what was his advantage and
happiness in the eyes of the world in order to preserve his
freedom.

Keine Vorstellung war ihm verhaßter und   7.11
grauenhafter als die, daß er ein Amt ausüben, eine
Tages - und Jahreseinteilung innehalten, anderen
gehorchen müßte.

No idea was more abhorrent and horrible to him than that
of having to hold an office, to keep to a daily and annual
schedule, to obey others.

Ein Büro, eine Kanzlei, eine Amtsstube, das war ihm   7.12
verhaßt wie der Tod, und das Entsetzlichste, was er
im Traum erleben konnte, war die Gefangenschaft in
einer Kaserne.

An office, a chancellery, an office room, that was as
detestable to him as death, and the most horrible thing
he could experience in a dream was imprisonment in a
barracks.

All diesen Verhältnissen wußte er sich zu entziehen,   7.13

He knew how to escape all these conditions,

oft unter großen Opfern.   7.14

often at great sacrifice.

7.15 **Hierin lag seine Stärke und Tugend, hier war er unbeugsam und unbestechlich, hier war sein Charakter fest und gradlinig.**
This was where his strength and virtue lay, where he was unbending and incorruptible, where his character was firm and straightforward.

7.16 **Allein mit dieser Tugend hing wieder sein Leid und Schicksal aufs engste zusammen.**
But his suffering and fate were closely linked to this virtue.

7.17 **Es ging ihm, wie es allen ergeht:**
It happened to him as it happens to all:

7.18 **was er, aus einem innersten Trieb seines Wesens, aufs hartnäckigste suchte und anstrebte, das ward ihm zuteil, aber mehr als für Menschen gut ist.**
what he sought and strove for most stubbornly out of an innermost impulse of his nature was granted to him, but more than is good for people.

7.19 **Es wurde anfänglich sein Traum und Glück,**
At first it became his dream and happiness,

7.20 **dann sein bittres Schicksal.**
then his bitter fate.

7.21 **Der Machtmensch geht an der Macht zugrunde, der Geldmensch am Geld, der Unterwürfige am Dienen, der Lustsucher an der Lust.**
The man of power is ruined by power, the man of money by money, the submissive by service, the seeker of pleasure by pleasure.

7.22 **Und so ging der Steppenwolf an seiner Unabhängigkeit zugrunde.**
And so the Steppenwolf perished because of his independence.

Er erreichte sein Ziel, er wurde immer unabhängiger, niemand hatte ihm zu befehlen, nach niemandem hatte er sich zu richten, frei und allein bestimmte er über sein Tun und Lassen.

7.23

He achieved his goal, he became more and more independent, no one had to command him, he had no one to follow, he was free and alone to determine his actions.

Denn jeder starke Mensch erreicht unfehlbar das, was ein wirklicher Trieb ihn suchen heißt.

7.24

For every strong man unfailingly achieves what a real drive tells him to seek.

Aber mitten in der erreichten Freiheit nahm Harry plötzlich wahr, daß seine Freiheit ein Tod war, daß er allein stand, daß die Welt ihn auf eine unheimliche Weise in Ruhe ließ, daß die Menschen ihn nichts mehr angingen, ja er selbst sich nicht, daß er in einer immer dünner und dünner werdenden Luft von Beziehungslosigkeit und Vereinsamung langsam erstickte.

7.25

But in the midst of the freedom he had attained, Harry suddenly realized that his freedom was a death, that he stood alone, that the world left him alone in an uncanny way, that people no longer concerned him, indeed he himself did not concern himself, that he was slowly suffocating in an ever thinner and thinner air of unrelatedness and loneliness.

7.26 Denn nun stand es so, daß Alleinsein und Unabhängigkeit nicht mehr sein Wunsch und Ziel war, sondern sein Los, seine Verurteilung, daß der Zauberwunsch getan und nicht mehr zurückzunehmen war, daß es nichts mehr half, wenn er voll Sehnsucht und guten Willens die Arme ausstreckte und zu Bindung und Gemeinsamkeit bereit war:

For it was now the case that being alone and independent was no longer his wish and goal, but his fate, his condemnation, that the magic wish was done and could no longer be taken back, that it no longer helped if he stretched out his arms full of longing and good will and was ready for commitment and togetherness:

7.27 man ließ ihn jetzt allein.

he was now left alone.

7.28 Dabei war er nicht etwa verhaßt und den Menschen zuwider.

But he was not hated and disliked by people.

7.29 Im Gegenteil, er hatte sehr viele Freunde.

On the contrary, he had many friends.

7.30 Viele hatten ihn gern.

Many liked him.

Aber es war immer nur Sympathie und 7.31
Freundlichkeit, was er fand, man lud ihn ein, man
beschenkte ihn, schrieb ihm nette Briefe, aber
nahe an ihn heran kam niemand, Bindung entstand
nirgends, sein Leben zu teilen war niemand gewillt
und fähig.

But it was always only sympathy and kindness that he
found, people invited him, gave him presents, wrote him
nice letters, but nobody came close to him, there was no
bond anywhere, nobody was willing or able to share his
life.

Es umgab ihn jetzt die Luft der Einsamen, eine stille 7.32
Atmosphäre, ein Weggleiten der Umwelt, eine
Unfähigkeit zu Beziehungen, gegen welche kein
Wille und keine Sehnsucht etwas vermochte.

He was now surrounded by the air of the lonely, a silent
atmosphere, a slipping away from his surroundings, an
inability to form relationships against which no will and no
longing could do anything.

Dies war eins der wichtigen Kennzeichen seines 7.33
Lebens.

This was one of the important characteristics of his life.

Ein anderes war, daß er zu den Selbstmördern 8.1
gehörte.

Another was that he was one of the suicides.

Hier muß gesagt werden, daß es falsch ist, wenn man 8.2
nur jene Menschen Selbstmörder nennt, welche sich
wirklich umbringen.

It must be said here that it is wrong to call only those people
suicides who really kill themselves.

8.3 Unter diesen sind sogar viele, die nur gewissermaßen aus Zufall Selbstmörder werden, zu deren Wesen das Selbstmördertum nicht notwendig gehört.

Among these there are even many who become suicides only by chance, so to speak, and whose nature does not necessarily include suicidal behavior.

8.4 Unter den Menschen ohne Persönlichkeit, ohne starke Prägung, ohne starkes Schicksal, unter den Dutzend - und Herdenmenschen sind manche, die durch Selbstmord umkommen, ohne darum in ihrer ganzen Signatur und Prägung dem Typus der Selbstmörder anzugehören, während wiederum von jenen, welche dem Wesen nach zu den Selbstmördern zählen, sehr viele, vielleicht die meisten, niemals tatsächlich Hand an sich legen.

Among people without personality, without a strong character, without a strong destiny, among the dozens and herd people, there are some who die by suicide without therefore belonging to the type of suicides in their whole signature and character, while again of those who are suicides by nature, very many, perhaps most, never actually lay a hand on themselves.

8.5 Der »Selbstmörder« – und Harry war einer –

The "suicide" – and Harry was one –

8.6 braucht nicht notwendig in einem besonders starken Verhältnis zum Tode zu leben –

does not necessarily have to have a particularly strong relationship with death –

8.7 dies kann man tun, auch ohne Selbstmörder zu sein.

one can do this even without being a suicide.

Aber dem Selbstmörder ist es eigentümlich, daß
er sein Ich, einerlei, ob mit Recht oder Unrecht,
als einen besonders gefährlichen, zweifelhaften
und gefährdeten Keim der Natur empfindet, daß er
sich stets außerordentlich exponiert und gefährdet
vorkommt, so, als stünde er auf allerschmalster
Felsenspitze, wo ein kleiner Stoß von außen oder
eine winzige Schwäche von innen genügt, um ihn ins
Leere fallen zu lassen.
8.8

But it is peculiar to the suicide that he perceives his ego,
whether rightly or wrongly, as a particularly dangerous,
doubtful and endangered germ of nature, that he always
feels extraordinarily exposed and endangered, as if he
were standing on the very narrowest cliff top, where a
small push from outside or a tiny weakness from within is
enough to make him fall into the void.

Diese Art von Menschen ist in ihrer Schicksalslinie
dadurch gekennzeichnet, daß der Selbstmord für sie
die wahrscheinlichste Todesart ist, wenigstens in
ihrer eigenen Vorstellung.
8.9

This type of person is characterized in their line of fate by
the fact that suicide is the most probable form of death for
them, at least in their own imagination.

Voraussetzung dieser Stimmung, welche fast immer
schon in früher Jugend sichtbar wird und diese
Menschen ihr Leben lang begleitet, ist nicht etwa
eine besonders schwache Lebenskraft, man findet im
Gegenteil unter den
8.10

The prerequisite for this mood, which almost always
becomes apparent in early youth and accompanies these
people throughout their lives, is not a particularly weak
vitality; on the contrary, among the

»Selbstmördern« außerordentlich zähe,
8.11

"suicides" one finds extraordinarily tough,

70

8.12 **begehrliche und auch kühne Naturen.**
covetous and also bold natures.

8.13 **Aber so wie es Naturen gibt, die bei der kleinsten Erkrankung zu Fieber neigen, so neigen diese Naturen, die wir**
But just as there are natures that tend to run a fever at the slightest illness, these natures, which we call

8.14 **»Selbstmörder«**
"suicides"

8.15 **heißen und die stets sehr empfindlich und sensibel sind, bei der kleinsten Erschütterung dazu, sich intensiv der Vorstellung des Selbstmordes hinzugeben.**
and which are always very delicate and sensitive, tend to indulge intensely in the idea of suicide at the slightest shock.

8.16 **Hätten wir eine Wissenschaft, die den Mut und die Verantwortungskraft besäße, sich mit dem Menschen zu beschäftigen, statt bloß mit den Mechanismen der Lebenserscheinungen, hätten wir etwas wie eine Anthropologie, etwas wie eine Psychologie, so wären diese Tatsachen jedem bekannt.**
If we had a science that had the courage and the responsibility to deal with the human being instead of merely with the mechanisms of life's phenomena, if we had something like an anthropology, something like a psychology, these facts would be known to everyone.

9.1 **Was wir hier über die Selbstmörder sagten, bezieht sich alles selbstverständlich nur auf die Oberfläche, es ist Psychologie, also ein Stück Physik.**
What we have said here about suicides naturally only refers to the surface; it is psychology, i.e. a piece of physics.

Metaphysisch betrachtet sieht die Sache anders und viel klarer aus, denn bei solcher Betrachtung stellen die

9.2

Viewed metaphysically, the matter looks different and much clearer, because from this perspective the

»Selbstmörder«

9.3

"suicides"

sich uns dar als die vom Schuldgefühl der Individuation Betroffenen, als jene Seelen, welchen nicht mehr die Vollendung und Ausgestaltung ihrer selbst als Lebensziel erscheint, sondern ihre Auflösung, zurück zur Mutter, zurück zu Gott, zurück ins All.

9.4

present themselves to us as those affected by the guilt of individuation, as those souls for whom the completion and shaping of themselves no longer appears to be the goal of life, but rather their dissolution, back to the mother, back to God, back into space.

Von diesen Naturen sind sehr viele vollkommen unfähig, jemals den realen Selbstmord zu begehen, weil sie dessen Sünde tief erkannt haben.

9.5

Many of these natures are completely incapable of ever committing real suicide because they have deeply recognized its sin.

Für uns sind sie dennoch Selbstmörder, denn sie sehen im Tod, nicht im Leben den Erlöser, sie sind bereit, sich wegzuwerfen und hinzugeben, auszulöschen und zum Anfang zurückzukehren.

9.6

For us they are nevertheless suicides, because they see in death, not in life, the redeemer, they are ready to throw themselves away and surrender, to extinguish and return to the beginning.

10.1 Wie jede Kraft auch zu einer Schwäche werden kann (ja unter Umständen werden muß), so kann umgekehrt der typische Selbstmörder aus seiner anscheinenden Schwäche oft eine Kraft und eine Stütze machen, ja er tut dies außerordentlich häufig.

Just as every strength can also become a weakness (indeed, under certain circumstances must become), so conversely the typical suicide can often turn his apparent weakness into a strength and a support, indeed he does this extraordinarily often.

10.2 Zu diesen Fällen gehört auch der Harrys, des Steppenwolfes.

One such case is that of Harry, the Steppenwolf.

10.3 Wie Tausende von seinesgleichen, machte er aus der Vorstellung, daß ihm zu jeder Stunde der Weg in den Tod offenstehe, nicht bloß ein jugendlich-melancholisches Phantasiespiel, sondern baute sich aus ebendiesem Gedanken einen Trost und eine Stütze.

Like thousands of his peers, he did not merely turn the idea that the road to death was open to him at any hour into a youthful, melancholy fantasy, but built a comfort and support for himself from this very thought.

10.4 Zwar rief in ihm, wie in allen Menschen seiner Art, jede Erschütterung, jeder Schmerz, jede üble Lebenslage sofort den Wunsch wach, sich durch den Tod zu entziehen.

As in all people of his kind, every shock, every pain, every bad situation in life immediately aroused in him the desire to escape through death.

10.5 Allmählich aber schuf er sich aus dieser Neigung gerade eine dem Leben dienliche Philosophie.

Gradually, however, he turned this inclination into a philosophy that served life.

Die Vertrautheit mit dem Gedanken, daß jener 10.6
Notausgang beständig offen stehe, gab ihm Kraft,
machte ihn neugierig auf das Auskosten von
Schmerzen und üblen Zuständen, und wenn es ihm
recht elend ging, konnte er zuweilen mit grimmiger
Freude, einer Art Schadenfreude, empfinden:
Familiarity with the idea that this emergency exit was
always open gave him strength, made him curious to
savor pain and bad conditions, and when he was really
miserable, he could sometimes feel with grim joy, a kind of
schadenfreude:

»Ich bin doch neugierig zu sehen, wie viel eigentlich 10.7
ein Mensch auszuhalten vermag!
"I am curious to see how much a person is actually able to
endure!

Ist die Grenze des noch Erträglichen erreicht, 10.8
If the limit of what is still bearable is reached,

dann brauche ich ja bloß die Tür zu öffnen und bin 10.9
entronnen.«
then all I have to do is open the door and I have escaped."

Es gibt sehr viele Selbstmörder, denen aus diesem 10.10
Gedanken ungewöhnliche Kräfte kommen.
There are very many suicides who gain unusual strength
from this thought.

Andrerseits ist allen Selbstmördern auch der Kampf 11.1
gegen die Versuchung zum Selbstmord vertraut.
On the other hand, all suicides are also familiar with the
struggle against the temptation to commit suicide.

11.2 Jeder weiß, in irgendeinem Winkel seiner Seele, recht wohl, daß Selbstmord zwar ein Ausweg, aber doch nur ein etwas schäbiger und illegitimer Notausgang ist, daß es im Grunde edler und schöner ist, sich vom Leben selbst besiegen und hinstrecken zu lassen als von der eigenen Hand.

Everyone knows quite well, in some corner of his soul, that suicide is a way out, but still only a somewhat shabby and illegitimate emergency exit, that it is basically nobler and more beautiful to let life itself conquer and strike out than by its own hand.

11.3 Dies Wissen, dies schlechte Gewissen, dessen Quelle dieselbe ist wie etwa für das böse Gewissen der sogenannten Selbstbefriediger, veranlaßt die meisten

This knowledge, this bad conscience, the source of which is the same as the bad conscience of the so-called masturbators, causes most

11.4 »Selbstmörder« zu einem dauernden Kampf gegen ihre Versuchung.

"suicides" to wage a constant battle against their temptation.

11.5 Sie kämpfen, wie der Kleptomane gegen sein Laster kämpft.

They fight as the kleptomaniac fights against his vice.

11.6 Auch dem Steppenwolf war dieser Kampf wohl bekannt, mit vielerlei wechselnden Waffen hatte er ihn gestritten.

Steppenwolf was also well aware of this struggle and had fought it with many different weapons.

Schließlich kam er, im Alter von etwa   11.7
siebenundvierzig Jahren, auf einen glücklichen
und nicht humorlosen Einfall, der ihm oft Freude
machte.

Finally, at the age of about forty-seven, he came up with
a happy and not humorless idea that often gave him
pleasure.

Er setzte seinen fünfzigsten Geburtstag als den Tag   11.8
fest, an welchem er sich den Selbstmord erlauben
wolle.

He set his fiftieth birthday as the day on which he would
allow himself to commit suicide.

An diesem Tag, so vereinbarte er mit sich selber,   11.9
sollte es ihm freistehen, den Notausgang zu benützen
oder nicht, je nach der Laune des Tages.

On that day, he agreed with himself, he would be free to use
the emergency exit or not, depending on the mood of the
day.

Mochte ihm nun geschehen was da wollte, mochte   11.10
er krank werden, verarmen, Leid und Bitternis
erfahren –

No matter what happened to him, no matter if he became
ill, impoverished, experienced suffering and bitterness –

alles war befristet, alles konnte allerhöchstens nur   11.11
diese wenigen Jahre, Monate, Tage andauern, deren
Zahl täglich kleiner wurde!

everything was temporary, everything could only last
these few years, months, days at most, the number of
which was decreasing daily!

11.12 Und in der Tat ertrug er manches Ungemach jetzt viel leichter, das ihn früher tiefer und länger gequält, ja vielleicht bis zur Wurzel erschüttert hätte.

And indeed, he was now able to bear many an adversity much more easily that would have tormented him more deeply and for longer in the past, perhaps even shaking him to the roots.

11.13 Wenn es ihm aus irgendwelchem Grunde besonders schlecht ging, wenn zur Verödung, Vereinsamung und Verwilderung seines Lebens noch besondere Schmerzen oder Verluste hinzukamen, dann konnte er zu den Schmerzen sagen:

If, for whatever reason, he felt particularly bad, if the desolation, isolation and wildness of his life were compounded by particular pain or loss, then he could say to the pain:

11.14 »Wartet nur, noch zwei Jahre, dann bin ich euer Herr!«

"Just wait, two more years, then I'll be your master!"

11.15 Und dann vertiefte er sich mit Liebe in die Vorstellung, wie an seinem fünfzigsten Geburtstag morgens die Briefe und Gratulationen ankommen würden, während er, seines Rasiermessers sicher, Abschied von allen Schmerzen nahm und die Tür hinter sich zuzog.

And then he would immerse himself with love in the idea of how the letters and congratulations would arrive in the morning on his fiftieth birthday, while he, sure of his razor, said goodbye to all the pain and closed the door behind him.

Dann konnte die Gicht in den Knochen, dann konnten Schwermut, Kopfschmerz und Magenweh sehen, wo sie blieben.

11.16

Then the gout in his bones, the melancholy, headache and stomach ache could see where they were.

Es erübrigt sich, das Einzelphänomen des Steppenwolfes, und namentlich sein eigentümliches Verhältnis zum Bürgertum, dadurch zu erklären, daß wir diese Erscheinungen auf ihre Grundgesetze zurückführen.

12.1

There is no need to explain the individual phenomenon of the Steppenwolf, and in particular his peculiar relationship to the bourgeoisie, by tracing these phenomena back to their basic laws.

Nehmen wir, da dies sich von selbst anbietet, eben jenes sein Verhältnis zum

12.2

Since this is self-evident, let us take his relationship to the

»Bürgerlichen« zum Ausgangspunkt!

12.3

"bourgeoisie" as our starting point!

Der Steppenwolf stand, seiner eigenen Auffassung zufolge, gänzlich außerhalb der bürgerlichen Welt, da er weder Familienleben noch sozialen Ehrgeiz kannte.

13.1

According to his own view, the Steppenwolf stood completely outside the bourgeois world, as he knew neither family life nor social ambition.

13.2 Er fühlte sich durchaus als Einzelner, als Sonderling
bald und krankhafter Einsiedler, bald auch als
übernormal, als ein geniemäßig veranlagtes, über die
kleinen Normen des Durchschnittslebens erhabenes
Individuum.

He definitely felt himself to be an individual, sometimes
an eccentric and morbid recluse, sometimes supernormal,
an individual of genius, elevated above the petty norms of
average life.

13.3 Mit Bewußtsein verachtete er den Bourgeois und war
stolz darauf, keiner zu sein.

He consciously despised the bourgeois and was proud not
to be one.

13.4 Dennoch lebte er in mancher Hinsicht ganz und
gar bürgerlich, er hatte Geld auf der Bank und
unterstützte arme Verwandte, er kleidete sich
zwar sorglos, doch anständig und unauffällig, er
suchte mit der Polizei, dem Steueramt und ähnlichen
Mächten in gutem Frieden zu leben.

Nevertheless, in some respects he lived an entirely
bourgeois life, he had money in the bank and supported
poor relatives, he dressed carelessly but decently and
inconspicuously, he tried to live in peace with the police,
the tax office and similar authorities.

13.5 Außerdem aber zog ihn eine starke, heimliche
Sehnsucht beständig zur bürgerlichen Kleinwelt,
zu den stillen, anständigen Familienhäusern mit
sauberen Gärtchen, blankgehaltnem Treppenhaus
und ihrer ganzen bescheidenen Atmosphäre von
Ordnung und Wohlanständigkeit.

In addition, however, a strong, secret longing constantly
drew him to the small bourgeois world, to the quiet, decent
family homes with their tidy little gardens, neatly kept
staircases and their whole modest atmosphere of order and
respectability.

Es gefiel ihm, seine kleinen Laster und
Extravaganzen zu haben, sich als außerbürgerlich,
als Sonderling oder Genie zu fühlen, doch hauste
und lebte er, um es so auszudrücken, niemals in den
Provinzen des Lebens, wo keine Bürgerlichkeit mehr
existiert.

13.6

He liked to have his little vices and extravagances, to
feel like an extra-bourgeois, an eccentric or a genius,
but he never dwelt or lived in the provinces of life where
bourgeoisie no longer existed.

Er war weder in der Luft der Gewaltund
Ausnahmemenschen zu Hause noch bei den
Verbrechern oder Entrechteten, sondern blieb
immer in der Provinz der Bürger wohnen, zu deren
Gewohnheiten, zu deren Norm und Atmosphäre
er stets in Beziehung stand, sei es auch in der des
Gegensatzes und der Revolte.

13.7

He was neither at home in the air of the violent
and exceptional, nor among the criminals or the
disenfranchised, but always remained in the province
of the bourgeois, to whose habits, to whose norm and
atmosphere he was always in relation, even if it was one of
opposition and revolt.

Außerdem war er in kleinbürgerlicher Erziehung
aufgewachsen und hatte von dorther eine Menge von
Begriffen und Schablonen beibehalten.

13.8

Moreover, he had grown up in a petty-bourgeois
upbringing and had retained a number of concepts and
patterns from there.

13.9 Er hatte theoretisch nicht das mindeste gegen das Dirnentum, wäre aber unfähig gewesen, persönlich eine Dirne ernst zu nehmen und wirklich als seinesgleichen zu betrachten.

In theory, he was not the least bit opposed to prostitution, but he would have been incapable of taking a prostitute seriously and really considering her as his equal.

13.10 Den politischen Verbrecher, den Revolutionär oder den geistigen Verführer, den Staat und Gesellschaft ächteten, vermochte er als seinen Bruder zu lieben, aber mit einem Dieb, Einbrecher, Lustmörder hätte er nichts anzufangen gewußt, als sie auf eine ziemlich bürgerliche Art zu bedauern.

He was able to love the political criminal, the revolutionary or the spiritual seducer, whom the state and society outlawed, as his brother, but he would have known nothing to do with a thief, burglar, or murderer, except to pity them in a rather bourgeois way.

14.1 Auf diese Weise anerkannte und bejahte er stets mit der einen Hälfte seines Wesens und Tuns das,

In this way,

14.2 was er mit der andern bekämpfte und verneinte.

he always acknowledged and affirmed with one half of his being and actions that which he opposed and denied with the other.

In einem kultivierten Bürgerhause aufgewachsen, **14.3**
in fester Form und Sitte, war er mit einem Teil
seiner Seele stets an den Ordnungen dieser Welt
hängengeblieben, auch nachdem er sich längst
über das im Bürgerlichen mögliche Maß hinaus
individualisiert und sich vom Inhalt bürgerlichen
Ideals und Glaubens längst befreit hatte.

Having grown up in a cultivated bourgeois home, in fixed
form and custom, he had always clung to the orders of this
world with a part of his soul, even after he had long since
individualized himself beyond what was possible in the
bourgeois world and had long since freed himself from the
content of bourgeois ideals and beliefs.

Das »Bürgerliche« nun, als ein stets vorhandener **15.1**
Zustand des Menschlichen, ist nichts andres als der
Versuch eines Ausgleiches, als das Streben nach
einer ausgeglichenen Mitte zwischen den zahllosen
Extremen und Gegensatzpaaren menschlichen
Verhaltens.

The "bourgeois", as an ever-present state of humanity, is
nothing other than the attempt at a balance, as the striving
for a balanced middle ground between the countless
extremes and pairs of opposites of human behavior.

Nehmen wir irgendeines dieser Gegensatzpaare als **15.2**
Beispiel, etwa das des Heiligen und des Wüstlings, so
wird unser Gleichnis alsbald verständlich werden.

If we take one of these pairs of opposites as an example, for
example that of the saint and the libertine, our parable will
soon become understandable.

15.3 Der Mensch hat die Möglichkeit, sich ganz und gar dem Geistigen, dem Annäherungsversuch ans Göttliche, hinzugeben, dem Ideal des Heiligen.

Man has the possibility of devoting himself entirely to the spiritual, the attempt to approach the divine, the ideal of the holy.

15.4 Er hat umgekehrt auch die Möglichkeit, sich ganz und gar dem Triebleben, dem Verlangen seiner Sinne hinzugeben und sein ganzes Streben auf den Gewinn von augenblicklicher Lust zu richten.

Conversely, he also has the possibility of giving himself over completely to the life of instinct, to the desires of his senses, and of directing all his efforts towards the attainment of momentary pleasure.

15.5 Der eine Weg führt zum Heiligen, zum Märtyrer des Geistes, zur Selbstaufgabe an Gott.

One path leads to the saint, to the martyr of the spirit, to self-surrender to God.

15.6 Der andre Weg führt zum Wüstling, zum Märtyrer der Triebe, zur Selbstaufgabe an die Verwesung.

The other path leads to the libertine, to the martyr of the instincts, to self-sacrifice to decay.

15.7 Zwischen beiden nun versucht in temperierter Mitte der Bürger zu leben.

Between the two, the citizen tries to live in a tempered middle ground.

15.8 Nie wird er sich aufgeben, sich hingeben, weder dem Rausch noch der Askese, nie wird er Märtyrer sein, nie in seine Vernichtung willigen –

He will never give himself up, surrender himself, neither to intoxication nor to asceticism, he will never be a martyr, never consent to his own destruction –

im Gegenteil, sein Ideal ist nicht Hingabe, sondern 15.9
Erhaltung des Ichs, sein Streben gilt weder der
Heiligkeit noch deren Gegenteil, Unbedingtheit
ist ihm unerträglich, er will zwar Gott dienen, aber
auch dem Rausche, will zwar tugendhaft sein, es aber
auch ein bißchen gut und bequem auf Erden haben.

on the contrary, his ideal is not devotion, but the
preservation of the ego, his striving is neither for holiness
nor its opposite, unconditionality is unbearable to him,
he wants to serve God, but also intoxication, he wants to
be virtuous, but also to be a little good and comfortable on
earth.

Kurz, er versucht es, in der Mitte zwischen den 15.10
Extremen sich anzusiedeln, in einer gemäßigten
und bekömmlichen Zone ohne heftige Stürme und
Gewitter, und dies gelingt ihm auch, jedoch auf
Kosten jener Lebens - und Gefühlsintensität, die ein
aufs Unbedingte und Extreme gerichtetes Leben
verleiht.

In short, he tries to settle in the middle between the
extremes, in a moderate and digestible zone without
violent storms and tempests, and he succeeds, but at the
expense of that intensity of life and feeling which a life
directed towards the unconditional and extreme gives.

Intensiv leben kann man nur auf Kosten des Ichs. 15.11

One can only live intensely at the expense of the ego.

Der Bürger nun schätzt nichts höher als das Ich (ein 15.12
nur rudimentär entwickeltes Ich allerdings).

The citizen values nothing more highly than the ego (a
rudimentarily developed ego, however).

15.13 Auf Kosten der Intensität also erreicht er Erhaltung und Sicherheit, statt Gottbesessenheit erntet er Gewissensruhe, statt Lust Behagen, statt Freiheit Bequemlichkeit, statt tödlicher Glut eine angenehme Temperatur.

At the expense of intensity, therefore, he achieves preservation and security, instead of obsession with God he reaps peace of conscience, instead of pleasure comfort, instead of freedom convenience, instead of deadly heat a pleasant temperature.

15.14 Der Bürger ist deshalb seinem Wesen nach ein Geschöpf von schwachem Lebensantrieb, ängstlich, jede Preisgabe seiner selbst fürchtend, leicht zu regieren.

The citizen is therefore by nature a creature of weak vital drive, anxious, fearful of any self-abandonment, easy to rule.

15.15 Er hat darum an Stelle der Macht die Majorität gesetzt, an Stelle der Gewalt das Gesetz, an Stelle der Verantwortung das Abstimmungsverfahren.

He has therefore substituted the majority for power, the law for force, the voting process for responsibility.

16.1 Es ist klar, daß dies schwache und ängstliche Wesen, existierte es auch in noch so großer Anzahl, sich nicht halten kann, daß es vermöge seiner Eigenschaften in der Welt keine andre Rolle spielen könnte als die einer Lämmerherde zwischen freischweifenden Wölfen.

It is clear that this weak and timid creature, however great its numbers, could not hold its own, that, owing to its qualities, it could play no other part in the world than that of a flock of lambs among free-ranging wolves.

Dennoch sehen wir, daß zwar in Zeiten des Regiments sehr starker Naturen der Bürger sofort an die Wand gedrückt wird, daß er aber niemals untergeht, zuzeiten sogar anscheinend die Welt beherrscht.

16.2

Nevertheless, we see that although in times of the reign of very strong natures the citizen is immediately pushed to the wall, he never perishes, and at times even seems to rule the world.

Wie ist das möglich?

16.3

How is this possible?

Weder die große Zahl seiner Herde, noch die Tugend, noch der common sense, noch die Organisation wären stark genug, ihn vor dem Untergang zu retten.

16.4

Neither the great number of his flock, nor virtue, nor common sense, nor organization would be strong enough to save him from destruction.

Wessen Lebensintensität von vornherein so sehr geschwächt ist, den kann keine Medizin der Welt am Leben erhalten.

16.5

No medicine in the world can keep alive someone whose vitality is so weakened from the outset.

Und dennoch lebt das Bürgertum, ist stark und gedeiht.

16.6

And yet the middle classes are alive, strong and thriving.

– Warum?

16.7

– Why?

Die Antwort lautet: Wegen der Steppenwölfe.

17.1

The answer is: because of the steppe wolves.

17.2 In der Tat beruht die vitale Kraft des Bürgertums keineswegs auf den Eigenschaften seiner normalen Mitglieder, sondern auf denen der außerordentlich zahlreichen outsiders, die es infolge der Verschwommenheit und Dehnbarkeit seiner Ideale mit zu umschließen vermag.

In fact, the vital force of the bourgeoisie is by no means based on the characteristics of its normal members, but on those of the extraordinarily numerous outsiders whom it is able to embrace due to the blurriness and elasticity of its ideals.

17.3 Es lebt im Bürgertum stets eine große Menge von starken und wilden Naturen mit.

There is always a large number of strong and wild natures in the bourgeoisie.

17.4 Unser Steppenwolf Harry ist ein charakteristisches Beispiel.

Our Steppenwolf Harry is a characteristic example.

17.5 Er, der weit über das dem Bürger mögliche Maß hinaus zum Individuum entwickelt ist, er, der die Wonne der Meditation ebenso wie die düstern Freuden des Hasses und Selbsthasses kennt, er, der das Gesetz, die Tugend und den common sense verachtet, ist dennoch ein Zwangshäftling des Bürgertums und kann ihm nicht entrinnen.

He, who has developed into an individual far beyond what is possible for the bourgeoisie, he, who knows the bliss of meditation as well as the dark pleasures of hatred and self-hatred, he, who despises the law, virtue and common sense, is nevertheless a forced prisoner of the bourgeoisie and cannot escape it.

Und so lagern um die eigentliche Masse des echten
Bürgertums weite Schichten der Menschheit,

17.6

And so around the actual mass of the true bourgeoisie there
are wide strata of humanity,

viele Tausende von Leben und Intelligenzen,

17.7

many thousands of lives and intelligences,

deren jede dem Bürgertum zwar entwachsen und für
ein Leben im Unbedingten berufen wäre,

17.8

each of which would have outgrown the bourgeoisie and
been called to a life in the unconditional,

deren jede aber,

17.9

but each of which,

durch infantile Gefühle der Bürgerlichkeit
anhängend und von ihrer Schwächung der
Lebensintensität ein Stück weit angesteckt,

17.10

clinging to the bourgeoisie through infantile feelings and
infected to some extent by its weakening of the intensity of
life,

dennoch irgendwie im Bürgertum verharrt,

17.11

nevertheless somehow remains in the bourgeoisie,

ihm irgendwie hörig,

17.12

somehow remains in bondage to it,

verpflichtet und dienstbar bleibt.

17.13

obliged and subservient to it.

Denn dem Bürgertum gilt der umgekehrte Grundsatz
der Großen:

17.14

For the bourgeoisie is governed by the opposite principle of
the great:

17.15 **Wer nicht wider mich ist, der ist für mich!**
Whoever is not against me is for me!

18.1 **Prüfen wir daraufhin die Seele des Steppenwolfes, so stellt er sich dar als ein Mensch, den schon sein hoher Grad von Individuation zum Nichtbürger bestimmt –**
If we then examine the soul of the Steppenwolf, he presents himself as a man whose high degree of individuation already determines him to be a non- citizen –

18.2 **denn alle hochgetriebene Individuation kehrt sich gegen das Ich und neigt wieder zu dessen Zerstörung.**
for all highly driven individuation turns against the ego and again tends towards its destruction.

18.3 **Wir sehen, daß er sowohl nach dem Heiligen wie nach dem Wüstling hin starke Antriebe in sich hat, jedoch aus irgendeiner Schwächung oder Trägheit heraus den Schwung in den freien wilden Weltraum nicht nehmen konnte und an das schwere mütterliche Gestirn des Bürgertums gebannt bleibt.**
We see that he has strong impulses in him towards both the saint and the libertine, but that he could not take the momentum into the free, wild world space due to some weakening or inertia and remains bound to the heavy, maternal star of the bourgeoisie.

18.4 **Dies ist seine Lage im Raum der Welt,**
This is its position in the space of the world,

18.5 **dies seine Gebundenheit.**
this is its bondage.

18.6 **Die allermeisten Intellektuellen, der größte Teil der Künstlermenschen gehört demselben Typus an.**
The vast majority of intellectuals, the majority of artists, belong to the same type.

Nur die stärksten von ihnen durchstoßen die
Atmosphäre der Bürgererde und gelangen ins
Kosmische, die andern alle resignieren oder
schließen Kompromisse, verachten das Bürgertum
und gehören ihm dennoch an und stärken und
verherrlichen es, indem sie letzten Endes es bejahen
müssen, um noch leben zu können.

18.7

Only the strongest of them penetrate the atmosphere
of the bourgeois earth and reach the cosmic, the others
all resign themselves or make compromises, despise the
bourgeoisie and yet belong to it and strengthen and glorify
it by ultimately having to affirm it in order to be able to live.

Es reicht diesen zahllosen Existenzen nicht zur
Tragik, wohl aber zu einem recht ansehnlichen
Mißgeschick und Unstern, in dessen Hölle ihre
Talente gar gekocht und fruchtbar werden.

18.8

It is not enough for these countless existences to be tragic,
but it is enough for them to suffer considerable misfortune
and misfortune, in whose hell their talents are cooked and
become fruitful.

Die wenigen, die sich losreißen, finden ins
Unbedingte und gehen auf bewundernswerte Weise
unter, sie sind die Tragischen, ihre Zahl ist klein.

18.9

The few who break free find the unconditional and perish
admirably; they are the tragic ones, their number is small.

Den andern aber, den Gebundenbleibenden, deren
Talenten oft das Bürgertum große Ehren zollt, ihnen
steht ein drittes Reich offen, eine imaginäre, aber
souveräne Welt:

18.10

But for the others, those who remain bound, whose talents
are often honored by the bourgeoisie, a third realm is open
to them, an imaginary but sovereign world:

der Humor.

18.11

humor.

18.12 Die friedlosen Steppenwölfe, diese beständig und furchtbar Leidenden, denen die zur Tragik, zum Durchbruch in den Sternenraum erforderliche Wucht versagt ist, die sich zum Unbedingten berufen fühlen und doch in ihm nicht zu leben vermögen:

The peaceless steppe wolves, these constant and terrible sufferers, who are denied the force necessary for tragedy, for breaking through into the stars, who feel called to the unconditional and yet are unable to live in it:

18.13 ihnen bietet sich, wenn ihr Geist im Leiden stark und elastisch geworden ist, der versöhnliche Ausweg in den Humor.

for them, when their spirit has become strong and elastic in suffering, there is the conciliatory way out in humor.

18.14 Der Humor bleibt stets irgendwie bürgerlich, obwohl der echte Bürger unfähig ist, ihn zu verstehen.

Humor always remains somehow bourgeois, although the real citizen is incapable of understanding it.

18.15 In seiner imaginären Sphäre wird das verzwickte, vielspältige Ideal aller Steppenwölfe verwirklicht:

In its imaginary sphere, the tricky, multi-faceted ideal of all steppe wolves is realized:

18.16 hier ist es möglich, nicht nur gleichzeitig den Heiligen und den Wüstling zu bejahen, die Pole zueinander zu biegen, sondern auch noch den Bürger in die Bejahung einzubeziehen.

here it is possible not only to affirm the saint and the libertine at the same time, to bend the poles towards each other, but also to include the bourgeois in the affirmation.

Es ist ja dem Gottbesessenen sehr wohl möglich, den   18.17
Verbrecher zu bejahen, und ebenso umgekehrt, ihnen
beiden aber, und allen anderen Unbedingten, ist es
unmöglich, auch noch jene neutrale laue Mitte, das
Bürgerliche, zu bejahen.

It is indeed possible for the God-obsessed to affirm the
criminal, and vice versa, but it is impossible for both of
them, and all other unconditional people, to affirm the
neutral, lukewarm middle, the bourgeois.

Einzig der Humor, die herrliche Erfindung der   18.18
in ihrer Berufung zum Größten Gehemmten,
der beinahe Tragischen, der höchstbegabten
Unglücklichen, einzig der Humor (vielleicht die
eigenste und genialste Leistung des Menschentums)
vollbringt dies Unmögliche, überzieht und
vereinigt alle Bezirke des Menschenwesens mit den
Strahlungen seiner Prismen.

Only humor, the wonderful invention of those who are
inhibited in their calling to the greatest, of the almost
tragic, of the most gifted unfortunates, only humor
(perhaps the most unique and ingenious achievement of
humanity) accomplishes this impossible, covers and unites
all areas of the human being with the rays of its prisms.

In der Welt zu leben, als sei es nicht die Welt, das   18.19
Gesetz zu achten und doch über ihm zu stehen, zu
besitzen,

To live in the world as if it were not the world, to respect
the law and yet stand above it, to possess

»als besäße man nicht«, zu verzichten, als sei es kein   18.20
Verzicht –

"as if one did not possess", to renounce as if it were not
renunciation –

18.21 alle diese beliebten und oft formulierten
Forderungen einer hohen Lebensweisheit ist einzig
der Humor zu verwirklichen fähig.

only humour is capable of realizing all these popular and
often formulated demands of a high wisdom of life.

19.1 Und falls es dem Steppenwolf, dem es an Gaben und
Ansätzen dazu nicht fehlt, in der schwülen Wirrnis
seiner Hölle noch gelingen sollte, diesen Zaubertrank
auszukochen, auszuschwitzen, dann wäre er gerettet.

And if the Steppenwolf, who is not lacking in gifts and
approaches, should still manage to boil out this magic
potion in the sultry confusion of his hell, to sweat it out,
then he would be saved.

19.2 Noch fehlt ihm dazu vieles. Die Möglichkeit aber,

He still lacks much. But the possibility,

19.3 die Hoffnung ist vorhanden.

the hope is there.

19.4 Wer ihn liebt, wer an ihm Teil nimmt, mag ihm diese
Rettung wünschen.

Those who love him, who share in him, may wish him this
salvation.

19.5 Er würde dadurch zwar für immer im Bürgerlichen
verharren bleiben, aber seine Leiden wären
erträglich, würden fruchtbar.

He would remain in the bourgeois world forever, but his
suffering would be bearable and fruitful.

Sein Verhältnis zur Bürgerwelt, in Liebe und Haß, 19.6
würde die Sentimentalität verlieren, und sein
Gebundensein an diese Welt würde aufhören, ihn
beständig als Schande zu quälen.

His relationship to the bourgeois world, in love and hate,
would lose its sentimentality, and his being bound to this
world would cease to torment him constantly as a disgrace.

Um dies zu erreichen, oder um vielleicht am 20.1
Ende doch noch den Sprung ins Weltall wagen zu
können, müßte solch ein Steppenwolf einmal sich
selbst gegenübergestellt werden, müßte tief in das
Chaos der eigenen Seele blicken und zum vollen
Bewußtsein seiner selbst kommen.

In order to achieve this, or perhaps to be able to take the
leap into space after all, such a Steppenwolf would have to
face himself once, would have to look deep into the chaos of
his own soul and become fully aware of himself.

Seine fragwürdige Existenz würde sich ihm alsdann 20.2
in ihrer ganzen Unabänderlichkeit enthüllen,
und es würde ihm fernerhin unmöglich werden,
sich immer wieder aus der Hölle seiner Triebe in
sentimental-philosophische Tröstungen und aus
diesen wieder in den blinden Rausch seines Wolftums
hinüberzuflüchten.

His questionable existence would then reveal itself to him
in all its irrevocability, and it would become impossible for
him to escape again and again from the hell of his instincts
into sentimental-philosophical consolations and from
these back into the blind intoxication of his wolfishness.

20.3 **Mensch und Wolf würden genötigt sein, einander ohne fälschende Gefühlsmasken zu erkennen, einander nackt in die Augen zu sehen.**

Man and wolf would be forced to recognize each other without falsifying emotional masks, to look each other naked in the eye.

20.4 **Dann würden sie entweder explodieren und für immer auseinandergehen, so daß es keinen Steppenwolf mehr gäbe, oder sie würden unter dem aufgehenden Licht des Humors eine Vernunftehe schließen.**

Then they would either explode and part forever, so that there would be no more Steppenwolf, or they would enter into a marriage of convenience under the rising light of humor.

21.1 **Möglich, daß Harry eines Tages vor diese letzte Möglichkeit geführt wird.**

It is possible that one day Harry will be brought before this last possibility.

21.2 **Möglich, daß er eines Tages sich erkennen lernt, sei es, daß er einen unsrer kleinen Spiegel in die Hand bekomme, sei es, daß er den Unsterblichen begegne oder vielleicht in einem unsrer magischen Theater dasjenige finde, dessen er zur Befreiung seiner verwahrlosten Seele bedarf.**

It is possible that one day he will learn to recognize himself, whether it be that he gets hold of one of our little mirrors, or that he meets the immortals, or perhaps finds in one of our magical theaters that which he needs to free his neglected soul.

Tausend solche Möglichkeiten warten auf ihn, 21.3
sein Schicksal zieht sie unwiderstehlich an, alle
diese Außenseiter des Bürgertums leben in der
Atmosphäre dieser magischen Möglichkeiten.

A thousand such possibilities await him, his fate irresistibly
attracts them, all these outsiders of the bourgeoisie live in
the atmosphere of these magical possibilities.

Ein Nichts genügt, und der Blitz schlägt ein. 21.4

All it takes is nothing, and lightning strikes.

Und dies alles ist dem Steppenwolf, auch wenn er 22.1
niemals diesen Abriß seiner innern Biographie zu
Gesicht bekommt, sehr wohl bekannt.

And all this is very well known to the Steppenwolf, even if
he never gets to see this outline of his inner biography.

Er ahnt seine Stellung im Weltgebäude, er ahnt und 22.2
kennt die Unsterblichen, er ahnt und fürchtet die
Möglichkeit einer Selbstbegegnung, er weiß vom
Vorhandensein jenes Spiegels, in den zu blicken er so
bitter nötig hätte, in den zu blicken er sich so tödlich
fürchtet.

He suspects his position in the world structure, he suspects
and knows the immortals, he suspects and fears the
possibility of a self-encounter, he knows of the existence
of that mirror into which he would so bitterly need to look,
into which he is so mortally afraid to look.

Zum Schluß unsrer Studie bleibt noch eine letzte 23.1
Fiktion, eine grundsätzliche Täuschung aufzulösen.

At the end of our study, one last fiction, a fundamental
deception, remains to be resolved.

Alle 23.2

All

23.3 »Erklärungen«, alle Psychologie, alle Versuche des
Verstehens bedürfen ja der Hilfsmittel, der Theorien,
der Mythologien, der Lügen;
"explanations", all psychology, all attempts at
understanding require aids, theories, mythologies, lies;

23.4 und ein anständiger Autor sollte es nicht unterlassen,
am Schluß einer Darstellung diese Lügen nach
Möglichkeit aufzulösen.
and a decent author should not refrain from dispelling
these lies at the end of an account if possible.

23.5 Wenn ich sage »Oben« oder
When I say "above" or

23.6 »Unten«, so ist das ja schon eine Behauptung, welche
Erklärung fordert, denn ein Oben und Unten gibt es
nur im Denken, nur in der Abstraktion.
"below", this is already an assertion that demands
explanation, because there is only an above and below
in thinking, only in abstraction.

23.7 Die Welt selbst kennt kein Oben noch Unten.
The world itself knows no top or bottom.

24.1 So ist denn auch, um es kurz zu sagen, der
»Steppenwolf«
To put it briefly, the "Steppenwolf"

24.2 eine Fiktion.
is a fiction.

24.3 Wenn Harry sich selbst als Wolfsmenschen
empfindet und aus zwei feindlichen und
gegensätzlichen Wesen zu bestehen meint,
If Harry sees himself as a wolf-man and believes himself to
consist of two hostile and opposing beings,

so ist das lediglich eine vereinfachende Mythologie.   24.4

this is merely a simplistic mythology.

Harry ist gar kein Wolfsmensch, und wenn wir   24.5
seine, von ihm selbst erfundene und geglaubte
Lüge scheinbar unbesehen mit übernahmen und
ihn tatsächlich als Doppelwesen, als Steppenwolf zu
betrachten und zu deuten suchten, so machten wir
uns in der Hoffnung auf leichteres Verstandenwerden
eine Täuschung zunutze, deren Richtigstellung jetzt
versucht werden soll.

Harry is not a wolf-man at all, and if we seem to have
accepted his lie, which he himself invented and believed,
without looking at it, and actually tried to view and
interpret him as a double being, as a Steppenwolf, then
we were making use of a deception in the hope of being
more easily understood, which we will now attempt to
correct.

Die Zweiteilung in Wolf und Mensch, in Trieb   25.1
und Geist, durch welche Harry sich sein Schicksal
verständlicher zu machen sucht, ist eine sehr
grobe Vereinfachung, eine Vergewaltigung des
Wirklichen zugunsten einer plausiblen, aber irrigen
Erklärung der Widersprüche, welche dieser Mensch
in sich vorfindet und die ihm die Quelle seiner nicht
geringen Leiden zu sein scheinen.

The division into wolf and man, into instinct and
spirit, through which Harry tries to make his fate more
comprehensible, is a very crude simplification, a violation
of reality in favor of a plausible but erroneous explanation
of the contradictions that this man finds within himself
and which seem to him to be the source of his considerable
suffering.

Harry findet in sich einen   25.2

Harry finds in himself a

25.3 »Menschen«, das heißt eine Welt von Gedanken, Gefühlen, von Kultur, von gezähmter und sublimierter Natur, und er findet daneben in sich auch noch einen

"man", i.e. a world of thoughts, feelings, culture, of tamed and sublimated nature, and he also finds in himself a

25.4 »Wolf«, das heißt eine dunkle Welt von Trieben, von Wildheit, Grausamkeit, von nicht sublimierter, roher Natur.

"wolf", i.e. a dark world of instincts, of wildness, cruelty, of unsublimated, raw nature.

25.5 Trotz dieser scheinbar so klaren Einteilung seines Wesens in zwei Sphären, die einander feindlich sind, hat er es aber je und je erlebt, daß Wolf und Mensch sich für eine Weile, für einen glücklichen Augenblick miteinander vertrugen.

Despite this seemingly clear division of his being into two spheres that are hostile to each other, he has always experienced wolf and man getting along with each other for a while, for a happy moment.

25.6 Wollte Harry in jedem einzelnen Moment seines Lebens, in jeder seiner Taten, in jeder seiner Empfindungen festzustellen versuchen, welchen Anteil daran der Mensch, welchen Anteil der Wolf habe, so käme er sofort in die Klemme, und seine ganze hübsche Wolftheorie ginge in die Brüche.

If Harry were to try to determine in every single moment of his life, in every one of his deeds, in every one of his feelings, what part man had in it, what part the wolf had, he would immediately get into trouble, and his whole pretty wolf theory would fall apart.

Denn kein einziger Mensch, auch nicht der primitive
Neger, auch nicht der Idiot, ist so angenehm einfach,
daß sein Wesen sich als die Summe von nur zweien
oder dreien Hauptelementen erklären ließe;

25.7

For not a single human being, not even the primitive Negro,
not even the idiot, is so pleasantly simple that his nature
could be explained as the sum of only two or three main
elements;

und gar einen so sehr differenzierten Menschen wie
Harry mit der naiven Einteilung in Wolf und Mensch
zu erklären, ist ein hoffnungslos kindlicher Versuch.

25.8

and even to explain such a highly differentiated human
being as Harry with the naive division into wolf and man is
a hopelessly childish attempt.

Harry besteht nicht aus zwei Wesen, sondern aus
hundert, aus tausenden.

25.9

Harry is not made up of two beings, but of hundreds,
thousands.

Sein Leben schwingt (wie jedes Menschen Leben)
nicht bloß zwischen zwei Polen, etwa dem Trieb und
dem Geist, oder dem Heiligen und dem Wüstling,
sondern es schwingt zwischen tausenden, zwischen
unzählbaren Polpaaren.

25.10

His life (like every human life) does not merely oscillate
between two poles, such as the instinct and the spirit,
or the saint and the libertine, but oscillates between
thousands, between countless pairs of poles.

26.1 Daß ein so unterrichteter und kluger Mensch wie
Harry sich für einen »Steppenwolf« halten kann, daß
er das reiche und komplizierte Gebilde seines Lebens
in einer so schlichten, so brutalen, so primitiven
Formel glaubt unterbringen zu können, darf uns
nicht in Verwunderung setzen.

That such an educated and intelligent man as Harry should
think himself a "Steppenwolf", that he should believe he
can express the rich and complicated structure of his life
in such a simple, brutal and primitive formula, should not
astonish us.

26.2 Der Mensch ist des Denkens nicht in hohem Maße
fähig, und auch noch der geistigste und gebildetste
Mensch sieht die Welt und sich selbst beständig
durch die Brille sehr naiver, vereinfachender und
umlügender Formeln an –

Man is not highly capable of thinking, and even the most
intellectual and educated man constantly looks at the world
and himself through the glasses of very naïve, simplistic
and deceptive formulas –

26.3 am meisten aber sich selbst!

but most of all at himself!

26.4 Denn es ist ein, wie es scheint, eingeborenes
und völlig zwanghaft wirkendes Bedürfnis aller
Menschen, daß jeder sein Ich als eine Einheit sich
vorstelle.

For it is, as it seems, an innate and completely compulsive
need of all people that everyone imagines their ego as a
unity.

26.5 Mag dieser Wahn noch so oft, noch so schwer
erschüttert werden, er heilt stets wieder zusammen.

No matter how often this delusion is shaken, no matter
how severely, it always heals again.

Der Richter, der dem Mörder gegenübersitzt und   26.6
in sein Auge sieht und einen Augenblick lang den
Mörder mit seiner eigenen (des Richters) Stimme
reden hört und alle seine Regungen, Fähigkeiten,
Möglichkeiten auch in seinem eigenen Innern
vorfindet, er ist schon im nächsten Augenblick
wieder Eins, ist Richter, schnellt in die Schale seines
eingebildeten Ichs zurück, tut seine Pflicht und
verurteilt den Mörder zum Tode.

The judge who sits opposite the murderer and looks into his
eye and for a moment hears the murderer speak with his
own (the judge's) voice and finds all his impulses, abilities
and possibilities within himself, he is one again the very
next moment, is a judge, snaps back into the shell of his
imaginary self, does his duty and sentences the murderer to
death.

Und wenn in besonders begabten und zart   26.7
organisierten Menschenseelen die Ahnung ihrer
Vielspältigkeit aufdämmert, wenn sie, wie jedes
Genie, den Wahn der Persönlichkeitseinheit
durchbrechen und sich als mehrteilig, als ein Bündel
aus vielen Ichs empfinden, so brauchen sie das
nur zu äußern, und alsbald sperrt die Majorität
sie ein, ruft die Wissenschaft zu Hilfe, konstatiert
Schizophrenie und beschützt die Menschheit davor,
aus dem Munde dieser Unglücklichen einen Ruf der
Wahrheit vernehmen zu müssen.

And when in particularly gifted and delicately organized
human souls the inkling of their multiplicity dawns, when
they, like every genius, break through the delusion of unity
of personality and perceive themselves as multipartite, as
a bundle of many selves, they need only express this, and
immediately the majority locks them up, calls science to
their aid, declares schizophrenia and protects humanity
from having to hear a cry of truth from the mouths of these
unfortunates.

26.8 Nun, wozu hier Worte verlieren, wozu Dinge aussprechen, welche zu wissen sich für jeden Denkenden von selbst versteht, welche zu äußern jedoch nicht Sitte ist?

Now, why waste words here, why say things that are self-evident for every thinking person to know, but which it is not customary to say?

26.9 – Wenn nun also ein Mensch schon dazu vorschreitet, die eingebildete Einheit des Ichs zur Zweiheit auszudehnen, so ist er schon beinahe ein Genie, jedenfalls aber eine seltene und interessante Ausnahme.

– So if a person goes so far as to expand the imaginary unity of the ego into a duality, then he is almost a genius, or at any rate a rare and interesting exception.

26.10 In Wirklichkeit aber ist kein Ich, auch nicht das naivste, eine Einheit, sondern eine höchst vielfältige Welt, ein kleiner Sternhimmel, ein Chaos von Formen, von Stufen und Zuständen, von Erbschaften und Möglichkeiten.

In reality, however, no ego, not even the most naïve, is a unity, but a highly diverse world, a small starry sky, a chaos of forms, of stages and states, of heritages and possibilities.

26.11 Daß jeder einzelne dies Chaos für eine Einheit anzusehen bestrebt ist und von seinem Ich redet, als sei dies eine einfache, fest geformte, klar umrissene Erscheinung:

The fact that each individual strives to see this chaos as a unity and speaks of his ego as if it were a simple, firmly formed, clearly outlined phenomenon:

diese, jedem Menschen (auch dem höchsten)   26.12
geläufige Täuschung scheint eine Notwendigkeit
zu sein, eine Forderung des Lebens wie Atemholen
und Essen.
this deception, familiar to every human being (even the
highest), seems to be a necessity, a requirement of life like
breathing and eating.

Die Täuschung beruht auf einer einfachen   27.1
Übertragung.
The deception is based on a simple transference.

Als Körper ist jeder Mensch eins, als Seele nie.   27.2
Every person is one as a body, but never as a soul.

Auch in der Dichtung, selbst in der raffiniertesten,   27.3
wird herkömmlicherweise stets mit scheinbar
ganzen, scheinbar einheitlichen Personen operiert.
Even in poetry, even the most refined, it is customary to
operate with seemingly whole, seemingly unified persons.

An der bisherigen Dichtung schätzen die Fachleute,   27.4
die Kenner am höchsten das Drama, und mit Recht,
denn es bietet (oder böte) die größte Möglichkeit zur
Darstellung des Ichs als einer Vielheit –
The experts, the connoisseurs, value drama the most in
poetry to date, and rightly so, because it offers (or would
offer) the greatest possibility for the representation of the
self as a multiplicity –

27.5 wenn dem nicht der grobe Augenschein widerspräche, der uns jede einzelne Person eines Dramas, da sie in einem unweigerlich einmaligen, einheitlichen, abgeschlossenen Körper steckt, als Einheit vortäuscht.

if this were not contradicted by the gross appearance that each individual person in a drama, since they are in an inevitably unique, uniform, self-contained body, pretends to be a unity.

27.6 Am höchsten schätzt denn auch die naive Ästhetik das sogenannte Charakterdrama,

Naïve aesthetics also holds the so-called character drama in the highest esteem,

27.7 in dem jede Figur recht kenntlich und abgesondert als Einheit auftritt.

in which each character appears quite recognizably and separately as a unit.

27.8 Nur von ferne erst und allmählich dämmert die Ahnung in einzelnen, daß das vielleicht alles eine billige Oberflächenästhetik ist, daß wir irren, wenn wir auf unsre großen Dramatiker die herrlichen, uns aber nicht eingeborenen, sondern bloß aufgeschwatzten Schönheitsbegriffe der Antike anwenden, welche, überall vom sichtbaren Leibe ausgehend, recht eigentlich die Fiktion vom Ich, von der Person, erfunden hat.

Only from a distance and gradually does the suspicion dawn on individuals that perhaps all this is a cheap surface aesthetic, that we are mistaken if we apply to our great dramatists the magnificent concepts of beauty of antiquity, which are not native to us but merely imposed on us, and which, starting everywhere from the visible body, actually invented the fiction of the ego, of the person.

In den Dichtungen des alten Indien ist dieser Begriff
ganz unbekannt, die Helden der indischen Epen
sind nicht Personen, sondern Personenknäuel,
Inkarnationsreihen.

27.9

In the poetry of ancient India this concept is quite
unknown; the heroes of Indian epics are not persons,
but clusters of persons, series of incarnations.

Und in unsrer modernen Welt gibt es Dichtungen,
in denen hinter dem Schleier des Personen - und
Charakterspiels, dem Autor wohl kaum ganz bewußt,
eine Seelenvielfalt darzustellen versucht wird.

27.10

And in our modern world there are poems in which an
attempt is made to portray a diversity of souls behind the
veil of the play of persons and characters, the author hardly
being fully aware of it.

Wer dies erkennen will, der muß sich entschließen,
einmal die Figuren einer solchen Dichtung nicht als
Einzelwesen anzusehen, sondern als Teile, als Seiten,
als verschiedene Aspekte einer höhern Einheit
(meinetwegen der Dichterseele).

27.11

Anyone who wants to recognize this must decide to see the
characters in such a poem not as individual beings, but as
parts, as sides, as different aspects of a higher unity (the
poet's soul).

Wer etwa den Faust auf diese Art betrachtet, für den
wird aus Faust, Mephisto, Wagner und allen andern
eine Einheit, eine Überperson, und erst in dieser
höhern Einheit, nicht in den Einzelfiguren, ist etwas
vom wahren Wesen der Seele angedeutet.

27.12

If you look at Faust in this way, for example, Faust,
Mephisto, Wagner and all the others become a unity, a
superperson, and only in this higher unity, not in the
individual figures, is something of the true essence of the
soul indicated.

27.13 **Wenn Faust den unter den Schullehrern berühmten,**
When Faust says the famous line among schoolteachers,

27.14 **vom Philister mit Schauer bewunderten Spruch sagt:**
admired with a shudder by the Philistine:

27.15 **»Zwei Seelen wohnen, ach, in meiner Brust!«,**
"Two souls dwell, alas, in my breast!",

27.16 **dann vergißt er den Mephisto und eine ganze Menge andrer Seelen, die er ebenfalls in seiner Brust hat.**
he forgets Mephisto and a whole host of other souls that he also has in his breast.

27.17 **Auch unser Steppenwolf glaubt ja, zwei Seelen (Wolf und Mensch) in seiner Brust zu tragen und findet seine Brust dadurch schon arg beengt.**
Our Steppenwolf also believes that he has two souls (wolf and man) in his chest and finds his chest very cramped as a result.

27.18 **Die Brust, der Leib, ist eben immer eines, der darin wohnenden Seelen aber sind nicht zwei, oder fünf, sondern unzählige;**
The breast, the body, is always one, but the souls living in it are not two, or five, but countless;

27.19 **der Mensch ist eine aus hundert Schalen bestehende Zwiebel,**
the human being is an onion consisting of a hundred shells,

27.20 **ein aus vielen Fäden bestehendes Gewebe.**
a tissue made up of many threads.

Erkannt und genau gewußt haben dies die alten Asiaten, und im buddhistischen Yoga ist eine genaue Technik dafür erfunden, den Wahn der Persönlichkeit zu entlarven.

27.21

The ancient Asians recognized and knew this precisely, and in Buddhist yoga a precise technique has been invented to expose the delusion of personality.

Lustig und vielfältig ist das Spiel der Menschheit:

27.22

The game of mankind is amusing and varied:

der Wahn, zu dessen Entlarvung Indien tausend Jahre lang sich so sehr angestrengt hat, ist derselbe, zu dessen Stützung und Stärkung der Okzident sich ebenso viele Mühe gegeben hat.

27.23

the delusion that India has worked so hard to expose for a thousand years is the same one that the Occident has worked just as hard to support and strengthen.

Betrachten wir von diesem Standpunkt aus den Steppenwolf, so wird uns klar, warum er so sehr unter seiner lächerlichen Zweiheit leidet.

28.1

If we look at Steppenwolf from this point of view, it becomes clear to us why he suffers so much from his ridiculous duality.

Er glaubt, wie Faust, daß zwei Seelen für eine einzige Brust schon zuviel seien und die Brust zerreißen müßten.

28.2

Like Faust, he believes that two souls are too many for a single breast and that the breast must be torn apart.

28.3 Sie sind aber im Gegenteil viel zu wenig, und Harry vergewaltigt seine arme Seele furchtbar, wenn er sie in einem so primitiven Bilde zu begreifen sucht.

On the contrary, they are far too few, and Harry rapes his poor soul terribly when he tries to comprehend it in such a primitive image.

28.4 Harry verfährt, obwohl er ein hochgebildeter Mensch ist, etwa wie ein Wilder, der nicht über zwei hinaus zählen kann.

Although Harry is a highly educated man, he acts like a savage who cannot count beyond two.

28.5 Er nennt ein Stück von sich Mensch, ein andres Wolf, und damit glaubt er schon am Ende zu sein und sich erschöpft zu haben.

He calls one part of himself man, another wolf, and with that he believes he has already reached the end and exhausted himself.

28.6 In den »Menschen« packt er alles Geistige, Sublimierte oder doch Kultivierte hinein, das er in sich vorfindet, und in den Wolf alles Triebhafte, Wilde und Chaotische.

He puts everything spiritual, sublimated or at least cultivated that he finds in himself into the "human being", and everything instinctive, wild and chaotic into the wolf.

28.7 Aber so simpel wie in unsern Gedanken, so grob wie in unsrer armen Idiotensprache geht es im Leben nicht zu, und Harry belügt sich doppelt, wenn er diese negerhafte Wolfsmethode anwendet.

But life is not as simple as our thoughts, as crude as our poor idiotic language, and Harry is lying to himself twice over when he uses this Negro-like wolf method.

Harry rechnet, so fürchten wir, ganze Provinzen 28.8
seiner Seele schon zum »Menschen«, die noch lange
nicht Mensch sind, und rechnet Teile seines Wesens
zum Wolfe, die längst über den Wolf hinaus sind.

Harry, we fear, already counts whole provinces of his soul
as "human" that are far from being human, and counts
parts of his being as wolves that have long since outgrown
the wolf.

Wie alle Menschen, so glaubt auch Harry 29.1
recht wohl zu wissen, was der Mensch sei, und
weiß es doch durchaus nicht, obschon er es, in
Träumen und anderen schwer kontrollierbaren
Bewußtseinszuständen, nicht selten ahnt.

Like all people, Harry believes he knows quite well
what a person is, and yet he does not know at all, even
though he often suspects it in dreams and other states of
consciousness that are difficult to control.

Möchte er diese Ahnungen nicht vergessen, 29.2

May he not forget these intuitions,

möchte er sie sich doch möglichst zu eigen machen! 29.3

may he make them his own if possible!

Der Mensch ist ja keine feste und dauernde 29.4
Gestaltung (dies war, trotz entgegengesetzter
Ahnungen ihrer Weisen, das Ideal der Antike), er
ist vielmehr ein Versuch und Übergang, er ist nichts
andres als die schmale, gefährliche Brücke zwischen
Natur und Geist.

After all, man is not a fixed and permanent creation (this
was the ideal of antiquity), despite the contrary suspicions
of its sages, he is rather an experiment and transition, he is
nothing other than the narrow, dangerous bridge between
nature and spirit.

29.5 Nach dem Geiste hin, zu Gott hin treibt ihn die innerste Bestimmung –

Towards the spirit, towards God, he is driven by his innermost destiny –

29.6 nach der Natur, zur Mutter zurück zieht ihn die innigste Sehnsucht:

towards nature, back to his mother, he is drawn by his innermost longing:

29.7 zwischen beiden Mächten schwankt angstvoll bebend sein Leben.

his life trembles fearfully between the two powers.

29.8 Was die Menschen jeweils unter dem Begriff »Mensch«

What people understand by the term "man"

29.9 verstehen, ist stets nur eine vergängliche bürgerliche Übereinkunft.

is always only a transient bourgeois agreement.

29.10 Gewisse roheste Triebe werden von dieser Konvention abgelehnt und verpönt, ein Stück Bewußtsein, Gesittung und Entbestialisierung wird verlangt, ein klein wenig Geist ist nicht nur erlaubt, sondern wird sogar gefordert.

Certain crudest instincts are rejected and frowned upon by this convention, a bit of consciousness, morality and de-bestialization is demanded, a little bit of spirit is not only allowed, but even demanded.

29.11 Der »Mensch«

The "human being"

dieser Konvention ist, wie jedes Bürgerideal, ein
Kompromiß, ein schüchterner und naivschlauer
Versuch, sowohl die böse Urmutter Natur wie den
lästigen Urvater Geist um ihre heftigen Forderungen
zu prellen und in lauer Mitte zwischen ihnen zu
wohnen.

29.12

of this convention is, like every civic ideal, a compromise,
a timid and naively clever attempt to bully both the evil
primeval mother nature and the annoying primeval father
spirit out of their fierce demands and to live in a tepid
middle ground between them.

Darum erlaubt und duldet der Bürger das, was er
»Persönlichkeit« nennt, liefert die Persönlichkeit
aber gleichzeitig jenem Moloch »Staat« aus und spielt
beständig die beiden gegeneinander aus.

29.13

That is why the citizen allows and tolerates what he calls
"personality", but at the same time he hands personality
over to that Moloch "state" and constantly plays the two off
against each other.

Darum verbrennt der Bürger heute den als Ketzer,
hängt den als Verbrecher, dem er übermorgen
Denkmäler setzt.

29.14

That is why the citizen burns the one today as a heretic,
hangs the one the day after tomorrow as a criminal and
erects monuments to him.

Daß der »Mensch«

30.1

That "man"

30.2 nicht schon Erschaffenes sei, sondern eine Forderung des Geistes, eine ferne, ebenso ersehnte wie gefürchtete Möglichkeit, und daß der Weg dahin immer nur ein kleines Stückchen weit und unter furchtbaren Qualen und Ekstasen zurückgelegt wird, eben von jenen seltenen Einzelnen, denen heute das Schafott, morgen das Ehrendenkmal bereitet wird –

is not something already created, but a demand of the spirit, a distant possibility that is as longed for as it is feared, and that the path to it is always only a little way off and is covered under terrible torments and ecstasies, precisely by those rare individuals for whom the scaffold is prepared today and the monument of honor tomorrow –

30.3 dies Ahnen lebt auch im Steppenwolf. Was er aber,

this ancestor also lives in Steppenwolf. But what he,

30.4 im Gegensatz zu seinem »Wolf«, in sich »Mensch«

in contrast to his "wolf", calls "man"

30.5 nennt, das ist zum großen Teil nichts andres als eben jener mediokre

is for the most part nothing other than the mediocre

30.6 »Mensch« der Bürgerkonvention.

"man" of the civil convention.

30.7 Den Weg zum wahren Menschen, den Weg zu den Unsterblichen kann Harry zwar recht wohl ahnen, geht ihn auch hie und da ein winziges, zögerndes Stückchen weit und bezahlt das mit schweren Leiden, mit schmerzlicher Vereinsamung.

Harry has a pretty good idea of the path to true man, the path to the immortals, and goes a tiny, hesitant way along it here and there, paying for it with severe suffering and painful isolation.

Aber jene höchste Forderung, jene echte, vom Geist gesuchte Menschwerdung zu bejahen und anzustreben, den einzigen schmalen Weg zur Unsterblichkeit zu gehen, davor scheut er sich doch in tiefster Seele.

30.8

But to affirm and strive for that highest demand, that genuine humanization sought by the spirit, to walk the only narrow path to immortality, is something he shies away from in his deepest soul.

Er fühlt recht wohl:

30.9

He feels quite well:

das führt zu noch größeren Leiden, zur Ächtung, zum letzten Verzicht, vielleicht zum Schafott –

30.10

this leads to even greater suffering, to ostracism, to the final renunciation, perhaps to the scaffold –

und wenn auch am Ende dieses Weges Unsterblichkeit lockt, so ist er doch nicht gewillt, all diese Leiden zu leiden, alle diese Tode zu sterben.

30.11

and even if immortality beckons at the end of this path, he is not willing to suffer all these sufferings, to die all these deaths.

30.12 Obwohl ihm vom Ziel der Menschwerdung mehr
bewußt ist als den Bürgern, macht er doch die
Augen zu und will nicht wissen, daß das verzweifelte
Hängen am Ich, das verzweifelte Nichtsterbenwollen
der sicherste Weg zum ewigen Tode ist, während
Sterbenkönnen, Hüllenabstreifen, ewige Hingabe des
Ichs an die Wandlung zur Unsterblichkeit führt.

Although he is more aware of the goal of incarnation
than the citizens, he still closes his eyes and does not
want to know that the desperate clinging to the ego, the
desperate not wanting to die is the surest way to eternal
death, while the ability to die, the stripping off of the shell,
the eternal surrender of the ego to transformation leads to
immortality.

30.13 Wenn er seine Lieblinge unter den Unsterblichen
anbetet, etwa Mozart, so sieht er ihn letzten Endes
doch immer noch mit Bürgeraugen an und ist geneigt,
Mozarts Vollendung recht wie ein Schullehrer
bloß aus seiner hohen Spezialistenbegabung zu
erklären, statt aus der Größe seiner Hingabe und
Leidensbereitschaft, seiner Gleichgültigkeit gegen
die Ideale der Bürger und dem Erdulden jener
äußersten Vereinsamung, die um den Leidenden,
den Menschwerdenden alle Bürgeratmosphäre zu
eisigem Weltäther verdünnt, jener Vereinsamung im
Garten Gethsemane.

If he worships his favorites among the immortals, such as
Mozart, he ultimately still looks at him with bourgeois
eyes and is inclined, like a schoolteacher, to explain
Mozart's perfection merely from his great talent as a
specialist, rather than from the greatness of his devotion
and willingness to suffer, his indifference to the ideals of
the bourgeois and his endurance of that extreme loneliness
which dilutes all bourgeois atmosphere around the sufferer,
the one who becomes human, to icy worldly ether, that
loneliness in the Garden of Gethsemane.

Immerhin hat unser Steppenwolf wenigstens
die faustische Zweiheit in sich entdeckt, er hat
herausgefunden, daß der Einheit seines Leibes
nicht eine Seeleneinheit innewohnt, sondern daß er
bestenfalls nur auf dem Wege, in langer Pilgerschaft
zum Ideal dieser Harmonie begriffen ist.

31.1

After all, our Steppenwolf has at least discovered the
Faustian duality within himself, he has discovered that
the unity of his body is not inherent in a unity of soul, but
that at best he is only on the way, on a long pilgrimage
towards the ideal of this harmony.

Er möchte entweder den Wolf in sich überwinden
und ganz Mensch werden oder aber auf den
Menschen verzichten und wenigstens als Wolf ein
einheitliches,

31.2

He would either like to overcome the wolf within himself
and become completely human or renounce the human and
at least live a unified,

unzerrissenes Leben leben.

31.3

unbroken life as a wolf.

Vermutlich hat er nie einen wirklichen Wolf genau
beobachtet –

31.4

Presumably he has never observed a real wolf closely –

er hätte dann vielleicht gesehen, daß auch die Tiere
keine einheitliche Seele haben, daß auch bei ihnen
hinter der schönen straffen Form des Leibes eine
Vielfalt von Strebungen und Zuständen wohnt, daß
auch der Wolf Abgründe in sich hat, daß auch der
Wolf leidet.

31.5

he might then have seen that even animals do not have a
uniform soul, that behind the beautiful taut form of the
body there is a variety of strivings and states, that the wolf
also has abysses within itself, that the wolf also suffers.

31.6 Nein, mit dem »Zurück zur Natur!« geht der Mensch
stets einen leidvollen und hoffnungslosen Irrweg.

No, with the "back to nature", man always takes a painful
and hopeless wrong path.

31.7 Harry kann niemals wieder ganz zum Wolfe werden,
und würde er es, so sähe er, daß auch der Wolf wieder
nichts Einfaches und Anfängliches ist, sondern schon
etwas sehr Vielfaches und Kompliziertes.

Harry can never fully become a wolf again, and if he did, he
would see that the wolf, too, is not something simple and
initial, but something very multiple and complicated.

31.8 Auch der Wolf hat zwei und mehr als zwei Seelen in
seiner Wolfsbrust, und wer ein Wolf zu sein begehrt,
begeht dieselbe Vergeßlichkeit wie der Mann mit
jenem Liede:

The wolf, too, has two and more than two souls in his wolf's
breast, and he who desires to be a wolf commits the same
forgetfulness as the man with that song:

31.9 »O selig, ein Kind noch zu sein!«

"O blessed to be a child yet!"

31.10 Der sympathische, aber sentimentale Mann, der
das Lied vom seligen Kinde singt, möchte ebenfalls
zur Natur, zur Unschuld, zu den Anfängen zurück
und hat ganz vergessen, daß die Kinder keineswegs
selig sind, daß sie vieler Konflikte, daß sie vieler
Zwiespältigkeiten, daß sie aller Leiden fähig sind.

The sympathetic but sentimental man who sings the song
of the blessed child also wants to return to nature, to
innocence, to the beginnings, and has completely forgotten
that children are by no means blessed, that they are capable
of many conflicts, of many ambiguities, of all kinds of
suffering.

Zurück führt überhaupt kein Weg, nicht zum Wolf,   32.1
noch zum Kind.

There is no way back at all, not to the wolf, nor to the child.

Am Anfang der Dinge ist nicht Unschuld und Einfalt;   32.2

In the beginning of things is not innocence and simplicity;

alles Erschaffene, auch das scheinbar Einfachste,   32.3
ist schon schuldig, ist schon vielspältig, ist in den
schmutzigen Strom des Werdens geworfen und kann
nie mehr, nie mehr stromaufwärts schwimmen.

everything created, even the seemingly simplest, is already
guilty, is already many-splendored, is thrown into the
dirty stream of becoming and can never, never again swim
upstream.

Der Weg in die Unschuld, ins Unerschaffene, zu Gott   32.4
führt nicht zurück, sondern vorwärts, nicht zum
Wolf oder Kind, sondern immer weiter in die Schuld,
immer tiefer in die Menschwerdung hinein.

The path to innocence, to the uncreated, to God does not
lead back, but forwards, not to the wolf or the child, but
ever further into guilt, ever deeper into becoming human.

Auch mit dem Selbstmord wird dir, armer   32.5
Steppenwolf, nicht ernstlich gedient sein, du
wirst schon den längeren, den mühevolleren und
schwereren Weg der Menschwerdung gehen, du
wirst deine Zweiheit noch oft vervielfachen, deine
Kompliziertheit noch viel weiter komplizieren
müssen.

Even suicide will not seriously serve you, poor
Steppenwolf, you will have to take the longer, more
arduous and more difficult path of becoming human, you
will often have to multiply your duality, complicate your
complexity even more.

32.6 **Statt deine Welt zu verengen, deine Seele zu vereinfachen, wirst du immer mehr Welt, wirst schließlich die ganze Welt in deine schmerzlich erweiterte Seele aufnehmen müssen, um vielleicht einmal zum Ende, zur Ruhe zu kommen.**

Instead of narrowing your world, simplifying your soul, you will have to absorb more and more of the world, you will eventually have to absorb the whole world into your painfully expanded soul in order to perhaps come to an end, to rest.

32.7 **Diesen Weg ist Buddha, ist jeder große Mensch gegangen, der eine wissend, der andre unbewußt, soweit ihm eben das Wagnis glückte.**

This path was taken by Buddha, by every great man, the one knowingly, the other unconsciously, as far as he succeeded in the venture.

32.8 **Jede Geburt bedeutet Trennung vom All, bedeutet Umgrenzung, Absonderung von Gott, leidvolle Neuwerdung.**

Every birth means separation from the universe, means circumscription, separation from God, painful rebirth.

32.9 **Rückkehr ins All, Aufhebung der leidvollen Individuation, Gottwerden bedeutet:**

Returning to the universe, abolishing the painful individuation, becoming God means:

32.10 **seine Seele so erweitert haben, daß sie das All wieder zu umfassen vermag.**

having expanded one's soul in such a way that it is able to embrace the universe again.

Es ist hier nicht die Rede vom Menschen, den die
Schule, die Nationalökonomie, die Statistik kennt,
nicht vom Menschen, wie er zu Millionen auf den
Straßen herumläuft und von dem nichts andres
zu halten ist als vom Sand am Meer oder von den
Spritzern einer Brandung:

We are not talking here about man as known to schools,
national economics, statistics, not about man as he walks
the streets in his millions and of whom there is nothing
more to be said than the sand on the sea or the splashes of a
surf:

es kommt auf ein paar Millionen mehr oder weniger
nicht an, sie sind Material, sonst nichts.

a few million more or less is not important, they are
material, nothing else.

Nein, wir sprechen hier vom Menschen im
hohen Sinn, vom Ziel des langen Weges der
Menschwerdung, vom königlichen Menschen, von
den Unsterblichen.

No, we are speaking here of man in the high sense, of the
goal of the long path of incarnation, of the royal man, of
the immortals.

Das Genie ist nicht so selten, wie es uns oft scheinen
will, ist freilich auch nicht so häufig, wie die
Literatur-und Weltgeschichten oder gar die
Zeitungen meinen.

Genius is not as rare as it often seems to us, but it is also
not as common as literary and world histories or even
newspapers would have us believe.

33.5 Der Steppenwolf Harry, so scheint es uns, wäre
Genie genug, um das Wagnis der Menschwerdung
zu versuchen, statt sich bei jeder Schwierigkeit
wehleidig auf seinen dummen Steppenwolf
hinauszureden.

The Steppenwolf Harry, it seems to us, would be genius
enough to attempt the risk of becoming a human being
instead of snivelling about his stupid Steppenwolf at every
difficulty.

34.1 Daß Menschen von solchen Möglichkeiten sich mit
Steppenwölfen und

That people of such possibilities make do with
tumbleweeds and

34.2 »zwei Seelen, ach!«

"two souls, ach!"

34.3 behelfen, ist ebenso verwunderlich und betrübend,
wie daß sie so oft jene feige Liebe zum Bürgerlichen
haben.

is as astonishing and saddening as that they so often have
that cowardly love of the bourgeois.

34.4 Ein Mensch, der fähig ist, Buddha zu begreifen, ein
Mensch, der eine Ahnung hat von den Himmeln und
Abgründen des Menschentums, sollte nicht in einer
Welt leben, in welcher common sense, Demokratie
und bürgerliche Bildung herrschen.

A man who is capable of understanding Buddha, a man
who has an inkling of the heavens and abysses of humanity,
should not live in a world where common sense, democracy
and bourgeois education prevail.

Nur aus Feigheit lebt er in ihr, und wenn seine
Dimensionen ihn bedrängen, wenn die enge
Bürgerstube ihm zu eng wird, dann schiebt er es dem

34.5

It is only out of cowardice that he lives in it, and when
his dimensions oppress him, when the narrow bourgeois
parlor becomes too cramped for him, he blames it on the

»Wolf«

34.6

"wolf"

in die Schuhe und will nicht wissen, daß der Wolf
zuzeiten sein bestes Teil ist.

34.7

and does not want to know that the wolf is his best part at
times.

Er nennt alles Wilde in sich Wolf und empfindet es als
böse, als gefährlich, als Bürgerschreck –

34.8

He calls everything wild in him a wolf and perceives it as
evil, as dangerous, as a bourgeois terror –

aber er, der doch ein Künstler zu sein und zarte Sinne
zu haben glaubt, vermag nicht zu sehen, daß außer
dem Wolf, hinter dem Wolf, noch viel andres in ihm
lebt, daß nicht alles Wolf ist, was beißt, daß da auch
noch Fuchs, Drache, Tiger, Affe und Paradiesvogel
wohnen.

34.9

but he, who believes himself to be an artist and to have
delicate senses, is unable to see that apart from the wolf,
behind the wolf, there is much else living in him, that not
everything that bites is a wolf, that there are also foxes,
dragons, tigers, monkeys and birds of paradise.

34.10 Und daß diese ganze Welt, dieser ganze
Paradiesgarten von holden und schrecklichen,
großen und kleinen, starken und zarten
Gestaltungen erdrückt und gefangengehalten
wird von dem Wolfmärchen, ebenso wie der wahre
Mensch in ihm vom Scheinmenschen, vom Bürger,
erdrückt und gefangengehalten wird.

And that this whole world, this whole garden of paradise
of fair and terrible, great and small, strong and tender
creatures is crushed and held captive by the wolf tale, just
as the real man in it is crushed and held captive by the
illusory man, the citizen.

35.1 Man stelle sich einen Garten vor, mit hunderterlei
Bäumen, mit tausenderlei Blumen, hunderterlei
Obst, hunderterlei Kräutern.

Imagine a garden with hundreds of trees, thousands of
flowers, hundreds of fruits, hundreds of herbs.

35.2 Wenn nun der Gärtner dieses Gartens keine andre
botanische Unterscheidung kennt als

If the gardener of this garden knows no other botanical
distinction than

35.3 »eßbar« und

"edible" and

35.4 »Unkraut«, dann wird er mit neun Zehnteln seines
Gartens nichts anzufangen wissen, er wird die
zauberhaftesten Blumen ausreißen, die edelsten
Bäume abhauen oder wird sie doch hassen und scheel
ansehen.

"weeds", then he will not know what to do with nine tenths
of his garden, he will uproot the most enchanting flowers,
cut down the noblest trees or will hate them and look at
them with disdain.

So macht es der Steppenwolf mit den tausend Blumen
seiner Seele.   35.5

This is what the Steppenwolf does with the thousand
flowers of his soul.

Was nicht in die Rubriken »Mensch« oder »Wolf«
paßt,   35.6

What does not fit into the categories of "man" or "wolf,"

das sieht er gar nicht. Und was zählt er nicht
alles zum   35.7

he does not see at all. And what doesn't he count as

»Menschen«!   35.8

"human"!

Alles Feige, alles Affenhafte, alles Dumme und
Kleinliche, wenn es nur nicht gerade wölfisch ist,
zählt er zum   35.9

Everything cowardly, everything monkey-like, everything
stupid and petty, if it is not exactly wolfish, he counts as

»Menschen«, ebenso wie er alles Starke und Edle, nur
weil es ihm noch nicht gelang, seiner Herr zu werden,
dem Wölfischen zuschreibt.   35.10

"human", just as he ascribes everything strong and noble
to the wolfish, just because he has not yet succeeded in
mastering it.

Wir nehmen Abschied von Harry,   36.1

We say goodbye to Harry,

wir lassen ihn seinen Weg allein weitergehen.   36.2

we let him continue on his way alone.

36.3 Wäre er schon bei den Unsterblichen, wäre er schon dort, wohin sein schwerer Weg zu zielen scheint, wie würde er diesem Hin und Her, diesem wilden, unentschlossnen Zickzack seiner Bahn verwundert zuschauen, wie würde er diesem Steppenwolf ermunternd, tadelnd, mitleidig, belustigt zulächeln!

If he were already with the immortals, if he were already there, where his difficult path seems to be heading, how he would watch this back and forth, this wild, indecisive zigzag of his path in amazement, how he would smile at this tumbleweed with encouragement, rebuke, pity, amusement!

37.1 Als ich zu Ende gelesen hatte, fiel mir ein, daß ich vor einigen Wochen einmal in der Nacht ein etwas sonderbares Gedicht aufgeschrieben hatte, das ebenfalls vom Steppenwolf handelte.

When I had finished reading, I remembered that I had written down a somewhat strange poem in the night a few weeks ago, which was also about the Steppenwolf.

37.2 Ich suchte danach im Papiergestöber meines vollgestopften Schreibtisches,

I looked for it in the rummage of my cluttered desk,

37.3 fand es und las:

found it and read it:

38.1 Ich Steppenwolf trabe und trabe,

I Steppenwolf trot and trot,

39.1 Die Welt liegt voll Schnee,

The world is full of snow,

Vom Birkenbaum flügelt der Rabe,   40.1
The raven wings from the birch tree,

Aber nirgends ein Hase, nirgends ein Reh!   41.1
But not a rabbit anywhere, not a deer anywhere!

In die Rehe bin ich so verliebt,   42.1
I am so in love with the deer,

Wenn ich doch eins fände!   43.1
If only I could find one!

Ich nähm's in die Zähne, in die Hände,   44.1
I would take it in my teeth, in my hands,

Das ist das Schönste, was es gibt.   45.1
That is the most beautiful thing there is.

Ich wäre der Holden so von Herzen gut,   46.1
I would be so good to Holden from the bottom of my heart,

Fräße mich tief in ihre zärtlichen Keulen,   47.1
Milling me deep into her tender clubs,

Tränke mich satt an ihrem hellroten Blut,   48.1
Drink my fill of their bright red blood,

Um nachher die ganze Nacht einsam zu heulen,   49.1
To howl in solitude all night afterwards,

50.1 **Sogar mit einem Hasen wär ich zufrieden,**
I would even be happy with a rabbit,

51.1 **Süß schmeckt sein warmes Fleisch in der Nacht –**
Its warm meat tastes sweet at night –

52.1 **Ach, ist denn alles von mir geschieden,**
Oh, is everything divorced from me,

53.1 **Was das Leben ein bißchen fröhlicher macht?**
What makes life a little happier?

54.1 **An meinem Schwanz ist das Haar schon grau,**
The hair on my tail is already gray,

55.1 **Auch kann ich nicht mehr ganz deutlich sehen,**
I can also no longer see very clearly,

56.1 **Schon vor Jahren starb meine liebe Frau.**
My dear wife died years ago.

57.1 **Und nun trab ich und träume von Rehen,**
And now I trot and dream of deer,

58.1 **Trabe und träume von Hasen,**
Trot and dream of rabbits,

59.1 **Höre den Wind in der Winternacht blasen,**
Hear the wind blowing in the winter night,

Tränke mit Schnee meine brennende Kehle,   60.1

Soak my burning throat with snow,

Trage dem Teufel zu meine arme Seele.   61.1

Carry my poor soul to the devil.

Da hatte ich nun zwei Bildnisse von mir in Händen,   62.1
das eine ein Selbstbildnis in Knittelversen, traurig
und angstvoll wie ich selbst, das andre kühl und mit
dem Anschein hoher Objektivität gezeichnet, von
einem Außenstehenden, von außen und von oben
gesehen, geschrieben von einem, der mehr und doch
auch weniger wußte als ich selbst.

I now had two portraits of myself in my hands, one a self-
portrait in doggerel verse, sad and fearful like myself,
the other drawn coolly and with the appearance of high
objectivity, by an outsider, seen from the outside and from
above, written by someone who knew more and yet also
less than I did.

Und diese beiden Bildnisse zusammen, mein   62.2
schwermütig stammelndes Gedicht und die kluge
Studie von unbekannter Hand, taten mir beide weh,
hatten beide recht, zeichneten beide ungeschminkt
meine trostlose Existenz, zeigten beide deutlich
die Unerträglichkeit und Unhaltbarkeit meines
Zustandes.

And these two portraits together, my melancholy,
stammering poem and the clever study by an unknown
hand, both hurt me, both were right, both painted an
unvarnished picture of my bleak existence, both clearly
showed the intolerability and unsustainability of my
condition.

Dieser Steppenwolf mußte sterben,   62.3

This Steppenwolf had to die,

62.4 **er mußte mit eigener Hand seinem verhaßten Dasein ein Ende machen –**

he had to put an end to his hated existence with his own hand –

62.5 **oder er mußte, geschmolzen im Todesfeuer einer erneuten Selbstschau, sich wandeln, seine Maske abreißen und eine neue Ichwerdung begehen.**

or, melted in the death fire of a renewed introspection, he had to change, tear off his mask and become a new self.

62.6 **Ach, dieser Vorgang war mir nicht neu und unbekannt, ich kannte ihn, ich hatte ihn mehrmals schon erlebt, jedesmal in Zeiten der äußersten Verzweiflung.**

Oh, this process was not new and unknown to me, I knew it, I had already experienced it several times, each time in times of extreme despair.

62.7 **Jedesmal war bei diesem schwer aufwühlenden Erlebnis mein jeweiliges Ich in Scherben zerbrochen, jedesmal hatten Mächte der Tiefe es aufgerüttelt und zerstört, jedesmal war dabei ein gehegtes und besonders geliebtes Stück meines Lebens mir untreu geworden und verlorengegangen.**

Each time, my respective ego had been shattered into shards during this severely upsetting experience, each time it had been shaken up and destroyed by forces of the deep, each time a cherished and particularly beloved part of my life had become unfaithful to me and been lost.

62.8 **Das eine Mal hatte ich meinen bürgerlichen Ruf samt meinem Vermögen verloren und hatte lernen müssen, auf die Achtung derer zu verzichten, die bisher vor mir den Hut gezogen hatten.**

One time, I had lost my bourgeois reputation along with my fortune and had had to learn to renounce the respect of those who had hitherto taken their hats off to me.

Das andre Mal war über Nacht mein Familienleben zusammengebrochen;

62.9

The other time, my family life had collapsed overnight;

meine geisteskrank gewordene Frau hatte mich aus Haus und Behagen vertrieben, Liebe und Vertrauen hatte sich plötzlich in Haß und tödlichen Kampf verwandelt, mitleidig und verächtlich blickten die Nachbarn mir nach.

62.10

my wife, who had become mentally ill, had driven me out of my home and comfort, love and trust had suddenly turned into hatred and mortal combat, the neighbors looked after me with pity and contempt.

Damals hatte meine Vereinsamung ihren Anfang genommen.

62.11

That was the beginning of my isolation.

Und wieder um Jahre, um schwere bittere Jahre später,

62.12

And years and years later, after I had built a new,

nachdem ich mir in strenger Einsamkeit und mühsamer Selbstzucht ein neues,

62.13

ascetic-spiritual life and ideal for myself in strict solitude and arduous self-discipline and had once again achieved a certain tranquillity and height of life,

asketisch-geistiges Leben und Ideal gebaut und wieder eine gewisse Stille und Höhe des Lebens erreicht hatte,

62.14

devoted to abstract mental exercise and strictly regulated meditation,

hingegeben an abstrakte Denkübung und an streng geregelte Meditation,

62.15

this way of life had also collapsed again and suddenly lost its noble,

62.16 da war auch diese Lebensgestaltung wieder zusammengebrochen und hatte ihren edlen hohen Sinn mit einemmal verloren;

high meaning;

62.17 auf wilden anstrengenden Reisen riß es mich aufs neue durch die Welt, neue Leiden türmten sich und neue Schuld.

I was torn through the world again on wild, exhausting journeys, new suffering and new guilt piled up.

62.18 Und jedesmal war dem Abreißen einer Maske, dem Zusammenbruch eines Ideals diese grausige Leere und Stille vorangegangen, diese tödliche Einschnürung, Vereinsamung und Beziehungslosigkeit, diese leere öde Hölle der Lieblosigkeit und Verzweiflung, wie ich sie auch jetzt wieder zu durchwandern hatte.

And each time, the tearing off of a mask, the collapse of an ideal was preceded by this horrible emptiness and silence, this deadly constriction, isolation and lack of relationships, this empty, barren hell of lovelessness and despair, as I had to walk through again now.

63.1 Bei jeder solchen Erschütterung meines Lebens hatte ich am Ende irgend etwas gewonnen, das war nicht zu leugnen, etwas an Freiheit, an Geist, an Tiefe, aber auch an Einsamkeit, an Unverstandensein, an Erkältung.

With every such upheaval in my life, I had gained something in the end, that was undeniable, something in freedom, in spirit, in depth, but also in loneliness, in being misunderstood, in a cold.

Von der bürgerlichen Seite her gesehen war mein   63.2
Leben, von jeder solchen Erschütterung zur andern,
ein beständiger Abstieg, eine immer größere
Entfernung vom Normalen, Erlaubten, Gesunden
gewesen.

From a bourgeois point of view, my life had been a constant
descent from one such shock to the next, an ever greater
distance from the normal, the permissible, the healthy.

Ich war im Lauf der Jahre beruflos, familienlos,   63.3
heimatlos geworden, stand außerhalb aller sozialen
Gruppen, allein, von niemand geliebt, von vielen
beargwöhnt, in ständigem, bitterm Konflikt mit der
öffentlichen Meinung und Moral, und wenn ich auch
noch im bürgerlichen Rahmen lebte, war ich doch
inmitten dieser Welt mit meinem ganzen Fühlen und
Denken ein Fremder.

Over the years I had become jobless, family-less, homeless,
stood outside all social groups, alone, loved by no one,
resented by many, in constant, bitter conflict with public
opinion and morality, and even if I still lived within the
bourgeois framework, I was still a stranger in the midst of
this world with all my feelings and thoughts.

Religion, Vaterland, Familie, Staat waren mir   63.4
entwertet und gingen mich nichts mehr an, die
Wichtigtuerei der Wissenschaft, der Zünfte, der
Künste ekelte mich an;

Religion, fatherland, family and state were devalued and
no longer concerned me, the pomposity of science, the
guilds and the arts disgusted me;

63.5 meine Anschauungen, mein Geschmack, mein ganzes Denken, mit dem ich einst als ein begabter und beliebter Mann geglänzt hatte, war jetzt verwahrlost und verwildert und den Leuten verdächtig.

my views, my taste, my whole way of thinking, which had once made me shine as a gifted and popular man, was now neglected and wild and suspicious to people.

63.6 Mochte ich bei all meinen so schmerzlichen Wandlungen irgend etwas Unsichtbares und Unwägbares gewonnen haben – ich hatte es teuer bezahlen müssen, und von Mal zu Mal war mein Leben härter, schwieriger, einsamer, gefährdeter geworden.

Even if I had gained something invisible and imponderable in all my painful changes, I had had to pay dearly for it, and from time to time my life had become harder, more difficult, more lonely, more endangered.

63.7 Wahrlich, ich hatte keinen Grund, eine Fortsetzung dieses Weges zu wünschen, der mich in immer dünnere Lüfte führte, jenem Rauche in Nietzsches Herbstlied gleich.

Truly, I had no reason to wish for a continuation of this path, which led me into ever thinner airs, like the smoke in Nietzsche's Autumn Song.

64.1 Ach ja, ich kannte diese Erlebnisse, diese Wandlungen, die das Schicksal seinen Sorgenkindern, seinen heikelsten Kindern bestimmt hat, allzu gut kannte ich sie.

Oh yes, I knew these experiences, these changes that fate had determined for its problem children, its most delicate children, I knew them all too well.

Ich kannte sie, wie ein ehrgeiziger, aber erfolgloser 64.2
Jäger die Etappen einer Jagdunternehmung, wie ein
alter Börsenspieler die Etappen der Spekulation, des
Gewinns, des Unsicherwerdens, des Wankens, des
Bankerotts kennen mag.

I knew them like an ambitious but unsuccessful hunter
knows the stages of a hunting venture, like an old stock
market gambler knows the stages of speculation, profit,
uncertainty, wavering and bankruptcy.

Sollte ich all dies nun wirklich noch einmal 64.3
durchleben?

Should I really go through all this again?

All diese Qual, all diese irre Not, all diese Einblicke 64.4
in die Niedrigkeit und Wertlosigkeit des eigenen Ich,
all diese furchtbare Angst vor dem Erliegen, all diese
Todesfurcht?

All this agony, all this crazy misery, all these insights into
the lowliness and worthlessness of my own self, all this
terrible fear of succumbing, all this fear of death?

War es nicht klüger und einfacher, die Wiederholung 64.5
so vieler Leiden zu verhüten, sich aus dem Staub zu
machen?

Wasn't it wiser and easier to prevent the repetition of so
much suffering, to get out of the way?

Gewiß, es war einfacher und klüger. 64.6

Certainly, it was easier and wiser.

Mochte nun das, was in dem Steppenwolfbüchlein 64.7
über die

Whether what the Steppenwolf booklet said about

»Selbstmörder« 64.8

"suicides"

64.9 behauptet wurde, sich so oder anders verhalten, niemand konnte mir das Vergnügen verwehren, mir mit Hilfe von Kohlengas, Rasiermesser oder Pistole die Wiederholung eines Prozesses zu ersparen, dessen bittere Schmerzlichkeit ich nun wahrlich oft und tief genug hatte auskosten müssen.

was true or not, nobody could deny me the pleasure of sparing myself the repetition of a trial with the help of coal gas, razor or pistol, the bitter pain of which I had truly had to savor often and deeply enough.

64.10 Nein, bei allen Teufeln, es gab keine Macht in der Welt, die von mir verlangen konnte, nochmals eine Selbstbegegnung mit ihren Todesschauern und nochmals eine Neugestaltung, eine neue Inkarnation durchzumachen, deren Ziel und Ende ja nicht Friede und Ruhe war, sondern nur immer neue Selbstvernichtung, immer neue Selbstgestaltung!

No, by all the devils, there was no power in the world that could ask me to undergo another self-encounter with its death-shudders and another reshaping, a new incarnation, the goal and end of which was not peace and tranquillity, but only ever new self-destruction, ever new self-fashioning!

64.11 Mochte der Selbstmord dumm, feig und schäbig, mochte er ein unrühmlicher und schmachvoller Notausgang sein –

Suicide may be stupid, cowardly and shabby, it may be an inglorious and disgraceful emergency exit –

aus dieser Mühle der Leiden war jeder, auch der   64.12
schmählichste Ausgang innig zu wünschen, hier
gab es kein Theater des Edelmuts und Heroismus
mehr, hier war ich vor die einfache Wahl gestellt
zwischen einem kleinen, flüchtigen Schmerz und
einem unausdenklich brennenden, endlosen Leid.

from this mill of suffering, every exit, even the most
shameful, was to be fervently wished for, here there was
no more theater of nobility and heroism, here I was faced
with the simple choice between a small, fleeting pain and
an unimaginably burning, endless suffering.

Oft genug in meinem so schwierigen, so verrückten   64.13
Leben war ich der edle Don Quichotte gewesen,
hatte die Ehre dem Behagen und den Heroismus
der Vernunft vorgezogen.

Often enough in my so difficult, so crazy life I had been
the noble Don Quixote, preferring honor to comfort and
heroism to reason.

Genug und Schluß damit!   64.14

Enough and enough of this!

Der Morgen gähnte schon durch die Scheiben,   65.1
der bleierne, verdammte Morgen eines
Winterregentages, als ich endlich zu Bett kam.

The morning was already yawning through the windows,
the leaden, damned morning of a winter's rainy day, when
I finally got to bed.

Ins Bett nahm ich meinen Entschluß mit.   65.2

I took my decision to bed with me.

65.3 Ganz zu äußerst aber, an der letzten Grenze des
Bewußtseins im Augenblick des Einschlafens,
blitzte sekundenschnell jene merkwürdige Stelle
des Steppenwolfbüchleins vor mir auf, wo von den

But at the very end, on the last edge of consciousness at
the moment of falling asleep, that strange passage of the
Steppenwolf booklet flashed before me in a matter of
seconds, where the

65.4 »Unsterblichen«

"immortals"

65.5 die Rede war, und damit verband sich die
aufzuckende Erinnerung daran, daß ich manche
Male und erst noch ganz vor kurzem mich den
Unsterblichen nah genug gefühlt hatte, um in
einem Takt alter Musik die ganze kühle, helle, hart
lächelnde Weisheit der Unsterblichen mitzukosten.

were mentioned, and with it came the flashing memory
that I had felt close enough to the immortals many times,
and only very recently, to taste all the cool, bright, hard-
smiling wisdom of the immortals in a bar of old music.

65.6 Das tauchte auf, glänzte, erlosch, und schwer wie ein
Berg legte sich der Schlaf auf meine Stirn.

That emerged, shone, went out, and sleep settled on my
forehead as heavy as a mountain.

Gegen Mittag erwacht, fand ich in mir alsbald die   66.1
geklärte Situation wieder, das kleine Büchlein lag auf
dem Nachttisch und mein Gedicht, und freundlich
kühl blickte aus dem Wirrsal meines jüngsten Lebens
mein Entschluß mich an, über Nacht im Schlafe rund
und fest geworden.

Awakening around noon, I immediately found the clarified
situation within me again, the little booklet lay on the
bedside table and my poem, and my decision, which had
become round and firm overnight in my sleep, looked at me
with a friendly coolness from the confusion of my recent
life.

Eile tat nicht not, mein Todesentschluß war nicht   66.2
die Laune einer Stunde, er war eine reife, haltbare
Frucht, langsam gewachsen und schwer geworden,
vom Wind des Schicksals leis geschaukelt, dessen
nächster Stoß sie zum Fallen bringen mußte.

There was no need to hurry, my decision to die was not the
whim of an hour, it was a ripe, durable fruit, slowly grown
and becoming heavy, gently swayed by the wind of fate,
whose next blow must cause it to fall.

Ich besaß in meiner Reiseapotheke ein vorzügliches   67.1
Mittel, um Schmerzen zu stillen, ein besonders
starkes Opiumpräparat, dessen Genuß ich mir nur
sehr selten gönnte und oft monatelang vorenthielt;

I had an excellent remedy in my first-aid kit to relieve pain,
a particularly strong opium preparation, which I very
rarely indulged in and often withheld for months;

ich nahm dies schwer betäubende Mittel nur   67.2
dann, wenn körperliche Schmerzen mich bis zur
Unerträglichkeit plagten.

I only took this heavily anaesthetic remedy when physical
pain plagued me to the point of unbearability.

67.3 Zum Selbstmord war es leider nicht geeignet,

Unfortunately,

67.4 ich hatte dies vor mehreren Jahren einmal ausprobiert.

it was not suitable for suicide; I had tried it once several years ago.

67.5 Da hatte ich in einer Zeit, als wieder einmal Verzweiflung mich umgab, eine hübsche Menge davon geschluckt, genug, um sechs Menschen zu töten, und es hatte mich doch nicht getötet.

At a time when I was once again surrounded by despair, I had swallowed quite a lot of it, enough to kill six people, and it hadn't killed me after all.

67.6 Ich schlief zwar ein und lag einige Stunden in vollkommener Betäubung, wurde dann aber, zu meiner furchtbaren Enttäuschung, durch heftige Zuckungen des Magens halb erweckt, erbrach, ohne ganz zu mir zu kommen, das ganze Gift und schlief wieder ein, um in der Mitte des nächsten Tages endgültig aufzuwachen, zu einer grauenhaften Nüchternheit, mit verbranntem, leerem Gehirn und fast ganz ohne Gedächtnis.

I fell asleep and lay for some hours in a complete stupor, but then, to my dreadful disappointment, was half awakened by violent convulsions of the stomach, vomited up all the poison without quite coming to myself, and fell asleep again, only to awake for good in the middle of the next day, to a horrible sobriety, with a burnt, empty brain and almost no memory.

Außer einer Periode von Schlaflosigkeit und lästigen Magenschmerzen blieb keine Wirkung des Giftes übrig.

67.7

Apart from a period of insomnia and annoying stomach pains, no effect of the poison remained.

Dies Mittel also kam nicht in Betracht.

68.1

So this remedy was out of the question.

Aber ich gab meinem Entschluß nun diese Form:

68.2

But I gave my decision this form:

sobald es mit mir wieder dahin kommen würde, daß ich zu jenem Opiat greifen mußte, sollte es mir erlaubt sein, statt dieser kurzen Erlösung die große zu schlürfen, den Tod, und zwar einen sichern, zuverlässigen Tod, mit der Kugel oder dem Rasiermesser.

68.3

as soon as I would have to resort to that opiate again, I should be allowed to sip the big one instead of this short salvation, death, a sure, reliable death, with the bullet or the razor.

Damit war die Lage geklärt –

68.4

That settled the situation –

bis zu meinem fünfzigsten Geburtstag zu warten, nach dem witzigen Rezept des Steppenwolfbüchleins, das schien mir doch allzulange, es waren noch zwei Jahre bis dahin.

68.5

waiting until my fiftieth birthday, according to the witty recipe in the Steppenwolf booklet, seemed too long, there were still two years to go.

Sei es in einem Jahr oder in einem Monat, sei es morgen schon –

68.6

Be it in a year or a month, be it tomorrow –

68.7 **die Pforte stand offen.**
the door was open.

69.1 **Ich kann nicht sagen, daß der »Entschluß«**
I cannot say that the "resolution"

69.2 **mein Leben stark verändert hätte.**
changed my life much.

69.3 **Er machte mich ein wenig gleichgültiger gegen Beschwerden, ein wenig unbesorgter im Gebrauch von Opium und Wein, ein wenig neugieriger auf die Grenze des Ertragbaren, das war alles.**
It made me a little more indifferent to discomfort, a little more carefree in my use of opium and wine, a little more curious about the limits of endurance, that was all.

69.4 **Stärker wirkten die andern Erlebnisse jenes Abends nach.**
The other experiences of that evening had a stronger effect.

69.5 **Den Traktat vom Steppenwolf las ich noch manchmal durch, bald mit Hingabe und Dankbarkeit, als wisse ich einen unsichtbaren Magier mein Schicksal weise leiten, bald mit Hohn und Verachtung gegen die Nüchternheit des Traktates, der mir die spezifische Stimmung und Spannung meines Lebens gar nicht zu verstehen schien.**
I still sometimes read the treatise on the Steppenwolf, sometimes with devotion and gratitude, as if I knew that an invisible magician was wisely guiding my fate, sometimes with scorn and contempt for the sobriety of the treatise, which did not seem to understand the specific mood and tension of my life at all.

Was da von Steppenwölfen und Selbstmördern 69.6
geschrieben stand, mochte ganz gut und klug sein, es
galt für die Gattung, für den Typus, war geistreiche
Abstraktion;

What was written there about steppe wolves and suicides
might be quite good and clever, it applied to the genus, to
the type, it was witty abstraction;

meine Person hingegen, meine eigentliche Seele, 69.7
mein eigenes, einmaliges Einzelschicksal schien mir
mit so grobem Netze doch nicht einzufangen.

my person, on the other hand, my actual soul, my own
unique individual fate, did not seem to me to be captured
by such a crude net.

Tiefer als alles andre aber beschäftigte mich jene 70.1
Halluzination oder Vision an der Kirchenmauer, die
verheißungsvolle Ankündigung jener tanzenden
Lichtschrift, die mit Andeutungen des Traktates
übereinstimmte.

More than anything else, however, I was preoccupied
by the hallucination or vision on the church wall, the
promising announcement of that dancing light writing,
which corresponded with allusions in the tract.

Viel war mir da versprochen worden, gewaltig hatten 70.2
die Stimmen jener fremden Welt meine Neugierde
angestachelt, oft sann ich lange Stunden ganz
versunken darüber nach.

Much had been promised to me there, the voices of that
strange world had stirred up my curiosity enormously,
and I often pondered over it for long hours, completely
absorbed.

70.3 **Und immer deutlicher sprach dann die Warnung jener Inschriften zu mir:**
And then the warning of those inscriptions spoke to me ever more clearly:

70.4 **»Nicht für jedermann!« und »Nur für Verrückte!«**
"Not for everyone!" and "Only for the insane!"

70.5 **Verrückt also mußte ich sein und weit abgerückt von »jedermann«, wenn jene Stimmen mich erreichen, jene Welten zu mir sprechen sollten.**
So I had to be crazy and far removed from "everyone" if those voices were to reach me, if those worlds were to speak to me.

70.6 **Mein Gott, war ich denn nicht längst weit genug entfernt vom Leben jedermanns, vom Dasein und Denken der Normalen, war ich nicht längst reichlich abgesondert und verrückt?**
My God, hadn't I long been far enough removed from everyone's life, from the existence and thinking of normal people, hadn't I long been isolated and crazy?

70.7 **Und dennoch verstand ich im Innersten den Zuruf recht wohl, die Aufforderung zum Verrücktsein, zum Wegwerfen der Vernunft, der Hemmung, der Bürgerlichkeit, zur Hingabe an die flutende gesetzlose Welt der Seele, der Phantasie.**
And yet, deep down, I understood the call quite well, the call to be crazy, to throw away reason, inhibition, bourgeoisie, to surrender to the flooding lawless world of the soul, of the imagination.

Eines Tages, nachdem ich wieder einmal vergeblich Straßen und Plätze nach dem Mann mit der Plakatstange abgesucht hatte und mehrmals lauernd an der Mauer mit dem unsichtbaren Tor vorbeigestreift war, begegnete ich in der Martinsvorstadt einem Leichenzug. 71.1

One day, after I had once again searched the streets and squares in vain for the man with the poster pole and had lurked past the wall with the invisible gate several times, I came across a funeral procession in the Martinsvorstadt district.

Indem ich die Gesichter der Leidtragenden betrachtete, die hinter dem Sargwagen hertrotteten, war mein Gedanke: 71.2

As I looked at the faces of the mourners trotting along behind the coffin wagon, my thought was:

Wo in dieser Stadt, wo in dieser Welt lebt der Mensch, dessen Tod mir einen Verlust bedeuten würde? 71.3

Where in this city, where in this world does the person whose death would mean a loss to me live?

Und wo der Mensch, dem mein Tod etwas bedeuten könnte? 71.4

And where is the person to whom my death could mean something?

Da war zwar Erika, meine Geliebte, nun ja; 71.5

There was Erika, my lover, well, yes;

aber wir lebten seit langem in sehr loser Verbindung, sahen uns selten, ohne Streit zu bekommen, und zur Zeit wußte ich nicht einmal ihren Aufenthaltsort. 71.6

but we had been living in very loose contact for a long time, rarely saw each other without getting into arguments, and at the moment I didn't even know where she was.

144

71.7 Sie kam zuweilen zu mir, oder ich reiste zu ihr, und da wir beide einsame und schwierige Menschen sind, irgendwo in der Seele und in der Seelenkrankheit einander verwandt, blieb trotz allem eine Bindung zwischen uns bestehen.

She came to me from time to time, or I traveled to her, and as we are both lonely and difficult people, related somewhere in soul and in soul-sickness, a bond remained between us in spite of everything.

71.8 Aber würde sie nicht vielleicht aufatmen und sich sehr erleichtert fühlen, wenn sie meinen Tod erführe?

But wouldn't she perhaps breathe a sigh of relief and feel very relieved if she heard of my death?

71.9 Ich wußte es nicht,

I didn't know,

71.10 wußte auch nichts über die Zuverlässigkeit meiner eigenen Gefühle.

nor did I know anything about the reliability of my own feelings.

71.11 Man muß im Normalen und Möglichen leben, um über solche Dinge etwas wissen zu können.

You have to live in the normal and possible to know anything about such things.

Unterdessen hatte ich mich, einer Laune folgend, dem Trauerzug angeschlossen und trabte hinter den Leidtragenden her zum Friedhof mit, einem modernen zementenen Patentfriedhof mit Krematorium und allen Schikanen.

72.1

In the meantime, on a whim, I had joined the funeral procession and trotted along behind the mourners to the cemetery, a modern cement cemetery with a crematorium and all its chicanery.

Unser Toter wurde aber nicht verbrannt, sondern sein Sarg vor einem schlichten Erdloch abgeladen, und ich sah dem Pfarrer und den übrigen Aasgeiern, Angestellten einer Begräbnisanstalt, bei ihren Verrichtungen zu, welchen sie den Anschein einer hohen Feierlichkeit und Trauer zu geben suchten, so daß sie sich vor lauter Theater und Verlegenheit und Verlogenheit überanstrengten und ins Komische gerieten, sah, wie die schwarze Berufsuniform an ihnen niederwallte und wie sie sich Mühe gaben, die Trauergesellschaft in Stimmung zu bringen und zur Kniebeuge vor der Majestät des Todes zu zwingen.

72.2

Our dead man was not cremated, however, but his coffin was unloaded in front of a simple hole in the ground, and I watched the priest and the other scavengers, employees of a funeral parlor, perform their duties, which they tried to give the appearance of high solemnity and mourning, They tried to give the appearance of high solemnity and mourning, so that they overexerted themselves with theatricality and embarrassment and mendacity, and fell into comedy, and saw how the black professional uniforms waved down on them, and how they endeavored to put the mourners in a good mood and force them to bend the knee before the majesty of death.

72.3 Es war vergebliche Mühe, niemand weinte, der Tote schien allen entbehrlich zu sein.

It was a futile effort, no one wept, the deceased seemed to be dispensable to everyone.

72.4 Auch war niemand zu frommen Stimmungen zu überreden, und als der Pfarrer die Gesellschaft immer wieder als »liebe Mitchristen« anredete, sahen alle die schweigsamen Geschäftsgesichter dieser Kaufleute und Bäckermeister und ihrer Frauen in krampfhaftem Ernst vor sich nieder, verlegen und verlogen und von keinem andern Wunsch bewegt, als daß diese unbehagliche Veranstaltung bald ihr Ende finden möchte.

Nor could anyone be persuaded to be pious, and as the priest addressed the company again and again as "dear fellow Christians", everyone looked at the silent business faces of these merchants and master bakers and their wives in convulsive earnestness, embarrassed and mendacious and moved by no other wish than that this uncomfortable event should soon come to an end.

72.5 Nun, sie ging zu Ende, die beiden vordersten unter den Mitchristen drückten dem Redner die Hand, rieben sich am nächsten Rasenbord den feuchten Lehm, in den sie ihren Toten gelegt hatten, von den Schuhen, die Gesichter wurden unverweilt wieder gewöhnlich und menschlich, und eines von ihnen schien mir plötzlich bekannt –

Well, it came to an end, the two foremost of the fellow Christians shook hands with the speaker, rubbed the damp clay in which they had laid their dead man off their shoes at the nearest grass verge, the faces immediately became ordinary and human again, and one of them suddenly seemed familiar to me –

es war, so schien mir, der Mann, der damals das
Plakat getragen und mir das Büchlein in die Hand
gedrückt hatte.

72.6

it was, it seemed to me, the man who had carried the poster
and pressed the booklet into my hand.

In dem Augenblick, da ich ihn zu erkennen glaubte,
wandte er sich um, bückte sich, machte sich
an seinen schwarzen Hosen zu schaffen, die er
umständlich über den Schuhen hochkrempelte,
und lief dann hurtig davon, einen Regenschirm unter
den Arm geklemmt.

73.1

The moment I thought I recognized him, he turned
around, bent down, fiddled with his black pants, which
he awkwardly rolled up over his shoes, and then hurried
away, an umbrella tucked under his arm.

Ich lief ihm nach, holte ihn ein, nickte ihm zu, doch
schien er mich nicht zu erkennen.

73.2

I ran after him, caught up with him, nodded to him, but he
didn't seem to recognize me.

»Ist heute keine Abendunterhaltung?«

74.1

"Is there no evening entertainment tonight?"

fragte ich und versuchte ihm zuzublinzeln, so wie
Mitwisser von Geheimnissen es untereinander tun.

74.2

I asked, trying to wink at him, as confidants of secrets do to
each other.

Aber es war allzu lange her, seit solche mimische
Übungen mir geläufig waren, hatte ich bei meiner
Lebensweise doch beinahe das Sprechen verlernt;

74.3

But it had been all too long since such mimic exercises had
been familiar to me, I had almost forgotten how to speak in
my way of life;

74.4 **ich fühlte selbst, daß ich nur eine dumme Grimasse schneide.**
I felt myself that I was only making a stupid grimace.

75.1 **»Abendunterhaltung?«**
"Evening entertainment?"

75.2 **brummte der Mann und sah mir fremd ins Gesicht.**
the man grumbled, looking at me strangely.

75.3 **»Gehen Sie in den Schwarzen Adler, Mensch, wenn Sie Bedürfnisse haben.«**
"Go to the Schwarzer Adler, man, if you have needs."

76.1 **Ich war in der Tat nicht mehr gewiß, ob er es sei.**
In fact, I was no longer sure whether it was him.

76.2 **Enttäuscht ging ich weiter, ich wußte nicht wohin, es gab keine Ziele, keine Bestrebungen, keine Pflichten für mich.**
Disappointed, I went on, I knew not where to go, there were no goals, no aspirations, no duties for me.

76.3 **Scheußlich bitter schmeckte das Leben, ich fühlte, wie der seit langem gewachsene Ekel seine Höhe erreichte, wie das Leben mich ausstieß und wegwarf.**
Life tasted terribly bitter, I felt the disgust that had been growing for a long time reach its climax, I felt life pushing me out and throwing me away.

76.4 **Wütend lief ich durch die graue Stadt,**
I walked angrily through the gray city,

76.5 **alles schien mir nach feuchter Erde und Begräbnis zu riechen.**
everything seemed to smell of damp earth and burial.

Nein, an meinem Grabe durfte keiner von diesen 76.6
Totenvögeln stehen, mit seinem Talar und seinem
sentimentalen mitchristlichen Gesäusel!

No, none of these birds of the dead were allowed to stand at
my grave, with their gowns and their sentimental Christian
chatter!

Ach, wohin ich blicken, wohin ich die Gedanken 76.7
schicken mochte, nirgends wartete eine Freude,
nirgends ein Zuruf auf mich, nirgends war Lockung
zu spüren, es stank alles nach fauler Verbrauchtheit,
nach fauler Halbundhalbzufriedenheit, es war alles
alt, welk, grau, schlapp, erschöpft.

Oh, wherever I looked, wherever I sent my thoughts,
nowhere was there any joy waiting for me, nowhere was
there a call, nowhere was there any attraction to be felt,
everything reeked of lazy weariness, of lazy half-and-half
contentment, everything was old, withered, gray, limp,
exhausted.

Lieber Gott, wie war es möglich? 76.8

Dear God, how was it possible?

Wie hatte es mit mir dahin kommen können, mit mir, 76.9
dem beflügelten Jüngling, dem Dichter, dem Freund
der Musen, dem Weltwanderer, dem glühenden
Idealisten?

How had it come to this with me, the inspired youth, the
poet, the friend of the muses, the world traveler, the ardent
idealist?

76.10 Wie war das so langsam und schleichend über mich gekommen, diese Lähmung, dieser Haß gegen mich und alle, diese Verstopftheit aller Gefühle, diese tiefe böse Verdrossenheit, diese Dreckhölle der Herzensleere und Verzweiflung?

How had it come over me so slowly and insidiously, this paralysis, this hatred of myself and everyone, this constipation of all feelings, this deep evil sullenness, this hell of emptiness of heart and despair?

77.1 Als ich an der Bibliothek vorüberkam, begegnete mir ein junger Professor, mit dem ich früher hie und da ein Gespräch geführt hatte, den ich bei meinem letzten Aufenthalt in dieser Stadt, vor einigen Jahren, sogar mehrmals in seiner Wohnung aufgesucht hatte, um mit ihm über orientalische Mythologien zu reden, ein Gebiet, mit dem ich damals viel beschäftigt war.

As I walked past the library, I met a young professor with whom I had had a conversation here and there in the past and whom I had even visited several times in his apartment during my last stay in this city a few years ago to talk to him about oriental mythologies, an area I was very interested in at the time.

77.2 Der Gelehrte kam mir entgegen, steif und etwas kurzsichtig, und erkannte mich erst, als ich schon im Begriff war, an ihm vorüberzugehen.

The scholar approached me, stiff and somewhat short-sighted, and only recognized me when I was about to pass him by.

77.3 Er stürzte sich mit großer Herzlichkeit auf mich, und ich, in meiner jämmerlichen Verfassung, war ihm halb und halb dankbar dafür.

He rushed at me with great cordiality, and I, in my miserable condition, was half grateful and half grateful to him.

Er war erfreut und wurde lebhaft, erinnerte mich 77.4
an Einzelheiten aus unsern einstigen Gesprächen,
versicherte, daß er meinen Anregungen viel
verdanke und oft an mich gedacht habe;

He was delighted and became animated, reminding me
of details of our former conversations, assuring me
that he owed much to my suggestions and had often
thought of me;

selten habe er seither so angeregte und ergiebige 77.5
Auseinandersetzungen mit Kollegen gehabt.

he had seldom had such lively and fruitful discussions with
colleagues since then.

Er fragte, seit wann ich in der Stadt sei (ich log: 77.6

He asked how long I had been in the city (I lied:

seit wenigen Tagen) und warum ich ihn nicht 77.7
aufgesucht habe.

a few days) and why I hadn't come to see him.

Ich blickte dem artigen Mann in sein gelehrtes gutes 77.8
Gesicht, fand die Szene eigentlich lächerlich, genoß
aber doch wie ein verhungerter Hund den Brocken
Wärme, den Schluck Liebe, den Bissen Anerkennung.

I looked the kind man in his learned, good face, thought the
scene was ridiculous, but enjoyed the lump of warmth, the
sip of love, the morsel of recognition like a starving dog.

Gerührt grinste der Steppenwolf Harry, im 77.9
trocknen Schlunde lief ihm der Geifer zusammen,
Sentimentalität bog ihm wider seinen Willen den
Rücken.

Steppenwolf Harry grinned with emotion, drool ran down
his dry maw, sentimentality bent his back against his will.

77.10 Ja, ich log mich also eifrig heraus, daß ich nur vorübergehend hier sei, studienhalber, und mich auch nicht recht wohl fühle, sonst hätte ich ihn natürlich einmal besucht.

Yes, I eagerly lied my way out of it, saying that I was only here temporarily to study and that I didn't feel very well, otherwise I would have visited him once, of course.

77.11 Und als er mich nun herzlich einlud, doch diesen Abend bei ihm zu verbringen, da nahm ich dankbar an, bat ihn, seine Frau zu grüßen, und dabei taten mir beim eifrigen Reden und Lächeln die Backen weh, welche diese Anstrengungen nicht mehr gewohnt waren.

And when he cordially invited me to spend the evening with him, I gratefully accepted, asked him to say hello to his wife, and my cheeks, which were no longer used to this effort, ached as I talked and smiled eagerly.

Und während ich, Harry Haller, da auf der Straße
stand, überrumpelt und geschmeichelt, höflich
und beflissen, und dem freundlichen Mann in das
kurzsichtige gute Gesicht lächelte, stand der andere
Harry daneben und grinste ebenfalls, stand grinsend
und dachte, was ich doch für ein eigentümlicher,
verdrehter und verlogener Bruder sei, daß ich vor
zwei Minuten noch gegen die ganze verfluchte Welt
grimmig die Zähne gefletscht hatte und jetzt beim
ersten Anruf, beim ersten harmlosen Gruß eines
achtbaren Biedermanns gerührt und übereifrig ja
und amen sagte und mich im Genuß von ein bißchen
Wohlwollen, Achtung und Freundlichkeit wie ein
Ferkel wälzte.

And while I, Harry Haller, stood there in the street, taken
by surprise and flattered, polite and eager, smiling into
the kindly man's short-sighted good face, the other Harry
stood by and grinned too, stood grinning and thinking
what a strange, twisted and deceitful brother I was, that
two minutes ago I had been baring my teeth grimly at the
whole damned world and now, at the first call, at the first
harmless greeting from a respectable bourgeois, I said
yes and amen, moved and overzealous, and rolled around
like a piglet in the pleasure of a little goodwill, respect and
friendliness.

So standen die beiden Harrys, beides außerordentlich
unsympathische Figuren, dem artigen Professor
gegenüber, verhöhnten einander, beobachteten
einander, spuckten voreinander aus und stellten
sich, wie immer in solchen Lagen, wieder einmal die
Frage:

So the two Harrys, both extremely unsympathetic figures,
stood opposite the kindly professor, mocked each other,
observed each other, spat at each other and, as always in
such situations, once again asked themselves the question:

77.14 ob das nun einfach menschliche Dummheit
und Schwäche sei, allgemeines Menschenlos,
oder ob dieser sentimentale Egoismus, diese
Charakterlosigkeit, diese Unsauberkeit und
Zwiespältigkeit der Gefühle bloß eine persönliche,
steppenwölfische Spezialität sei.

whether this was simply human stupidity and weakness,
a general lack of humanity, or whether this sentimental
egoism, this lack of character, this uncleanliness
and ambivalence of feelings was merely a personal,
Steppenwölfian specialty.

77.15 War die Schweinerei allgemein menschlich, nun,
dann konnte sich meine Weltverachtung mit
erneuter Wucht darauf stürzen;

If the mess was generally human, well, then my contempt
for the world could pounce on it with renewed force;

77.16 war es nur meine persönliche Schwäche,

if it was only my personal weakness,

77.17 so ergab sich daraus Anlaß zu einer Orgie der
Selbstverachtung.

then it gave rise to an orgy of self-contempt.

78.1 Über dem Streit zwischen den beiden Harrys wurde
der Professor beinah vergessen;

The argument between the two Harrys almost made me
forget the professor;

78.2 plötzlich war er mir wieder lästig, und ich eilte, ihn
loszuwerden.

suddenly he was a nuisance to me again and I hurried to get
rid of him.

Lange sah ich ihm nach, wie er unter der kahlen   78.3
Allee davonging, mit dem gutmütigen und etwas
komischen Gang eines Idealisten, eines Gläubigen.

I watched him for a long time as he walked away under the
bare avenue, with the good-natured and somewhat comical
gait of an idealist, a believer.

Heftig tobte die Schlacht in meinem Innern, und   78.4
während ich mechanisch die steifen Finger krümmte
und wieder streckte, im Kampf mit der heimlich
wühlenden Gicht, mußte ich mir gestehen, daß ich
mich da hatte übertölpeln lassen, daß ich mir nun
eine Einladung auf halb acht Uhr zum Abendessen
auf den Hals geladen hatte samt Verpflichtung zu
Höflichkeiten, wissenschaftlichem Geschwatze und
Betrachtung fremden Familienglücks.

The battle raged fiercely within me, and as I mechanically
curled and uncurled my stiff fingers in a struggle with
the secretly raging gout, I had to admit to myself that I
had allowed myself to be duped, that I had now invited
myself to dinner at half-past seven, with the obligation of
courtesies, scholarly gossip and the contemplation of other
people's family happiness.

Zornig ging ich nach Hause, mischte Kognak und   78.5
Wasser, schluckte dazu meine Gichtpillen hinunter,
legte mich auf den Diwan und versuchte zu lesen.

I went home in a rage, mixed cognac and water, swallowed
my gout pills, lay down on the divan and tried to read.

78.6 Als es mir endlich gelungen war, eine Weile in
»Sophiens Reise von Memel nach Sachsen« zu lesen,
einem entzückenden Schmöker aus dem achtzehnten
Jahrhundert, fiel mir plötzlich die Einladung wieder
ein und daß ich nicht rasiert war und daß ich mich
anziehen müsse.

When I finally managed to read for a while in "Sophia's
Journey from Memel to Saxony", a delightful eighteenth-
century book, I suddenly remembered the invitation and
that I wasn't shaved and that I had to get dressed.

78.7 Weiß Gott, warum ich mir das angetan hatte!

God knows why I had done this to myself!

78.8 Also, Harry, steh auf, lege dein Buch weg, seife dich
ein, kratze dir das Kinn blutig, zieh dich an und habe
ein Wohlgefallen an den Menschen!

So, Harry, get up, put down your book, soap yourself,
scratch your chin bloody, get dressed and have a good time
with people!

78.9 Und während ich mich einseifte, dachte ich an
das dreckige Lehmloch im Friedhof, in das man
heut den Unbekannten hinuntergeseilt hatte, und
an die verkniffenen Gesichter der gelangweilten
Mitchristen und konnte nicht einmal darüber
lachen.

And while I was soaping myself, I thought of the dirty
mud hole in the cemetery where the stranger had been
roped down today and the pinched faces of the bored fellow
Christians and couldn't even laugh about it.

78.10 Dort endete, so schien mir, an jenem dreckigen
Lehmloch,

There, it seemed to me, at that dirty clay hole,

78.11 bei den dummen verlegenen Worten des Predigers,

at the stupid embarrassed words of the preacher,

bei den dummen verlegenen Mienen der Trauerversammlung,   78.12

at the stupid embarrassed expressions of the mourners,

bei dem trostlosen Anblick all der Kreuze und Tafeln aus Blech und Marmor,   78.13

at the desolate sight of all the crosses and plaques made of tin and marble,

bei all den falschen Drahtund Glasblumen,   78.14

at all the fake wire and glass flowers,

dort endete nicht nur der Unbekannte,   78.15

that was not only where the stranger ended,

dort würde nicht nur morgen oder übermorgen auch ich enden,   78.16

not only would I end up there tomorrow or the day after tomorrow,

verscharrt,   78.17

buried,

unter Verlegenheit und Verlogenheit der Teilnehmer in den Dreck gescharrt,   78.18

scraped into the dirt under the embarrassment and mendacity of the participants,

nein, so endete alles, unser ganzes Streben,   78.19

no, that's how everything ended, all our aspirations,

unsre ganze Kultur, unser ganzer Glaube,   78.20

all our culture, all our faith,

unsre ganze Lebensfreude und Lebenslust,   78.21

all our joie de vivre and lust for life,

78.22 die so sehr krank war und bald auch dort eingescharrt werden würde.

which was so very sick and would soon be buried there too.

78.23 Ein Friedhof war unsre Kulturwelt, hier waren Jesus Christus und Sokrates, hier waren Mozart und Haydn, waren Dante und Goethe bloß noch erblindete Namen auf rostenden Blechtafeln, umstanden von verlegenen und verlogenen Trauernden, die viel dafür gegeben hätten, wenn sie an die Blechtafeln noch hätten glauben können, die ihnen einst heilig gewesen waren, die viel dafür gegeben hätten, auch nur wenigstens ein redliches, ernstes Wort der Trauer und Verzweiflung über diese untergegangene Welt sagen zu können, und denen statt allem nichts blieb als das verlegne grinsende Herumstehen an einem Grab.

A cemetery was our cultural world, here were Jesus Christ and Socrates, here were Mozart and Haydn, Dante and Goethe were just blinded names on rusting metal plates, surrounded by embarrassed and mendacious mourners who would have given a lot if they could still have believed in the metal plates, that had once been sacred to them, who would have given a lot to be able to say at least one honest, serious word of grief and despair about this lost world, and who instead were left with nothing but the embarrassed grinning standing around at a grave.

Wütend kratzte ich mir am Kinn die ewige Stelle
wieder auf und ätzte eine Weile an der Wunde, mußte
aber dennoch den eben angelegten frischen Kragen
nochmals wechseln und wußte durchaus nicht,
warum ich das alles tue, denn ich fühlte nicht die
mindeste Lust, zu jener Einladung zu gehen.

78.24

Angrily I scratched the eternal spot on my chin again and
cauterized the wound for a while, but I still had to change
the fresh collar I had just put on again and didn't know why
I was doing all this, because I didn't feel the slightest desire
to go to that invitation.

Aber ein Stück von Harry spielte wieder Theater,
nannte den Professor einen sympathischen Kerl,
sehnte sich nach ein wenig Menschengeruch,
Schwatz und Geselligkeit, erinnerte sich an des
Professors hübsche Frau, fand den Gedanken an
einen Abend bei freundlichen Gastgebern im Grunde
doch recht ermunternd und half mir ein englisches
Pflaster aufs Kinn kleben, half mir mich anziehen
und eine anständige Krawatte umbinden und brachte
mich sanft davon ab, meinem eigentlichen Wunsch
zu folgen und zu Hause zu bleiben.

78.25

But a piece of Harry was acting again, called the professor
a pleasant fellow, longed for a little human smell, chat
and conviviality, remembered the professor's pretty wife,
found the thought of an evening with friendly hosts quite
encouraging after all and helped me stick an English
plaster on my chin, helped me get dressed and put on a
decent tie and gently dissuaded me from following my
actual wish and staying at home.

Zugleich dachte ich:

78.26

At the same time, I thought:

so wie ich jetzt mich anziehe und ausgehe,

78.27

just as I now get dressed and go out,

78.28 **den Professor besuche und mehr oder weniger erlogene Artigkeiten mit ihm austausche,**
visit the professor and exchange more or less mendacious pleasantries with him,

78.29 **alles ohne es eigentlich zu wollen,**
all without actually wanting to,

78.30 **so tun und leben und handeln die meisten Menschen Tag für Tag,**
so do and live and act most people day after day,

78.31 **Stunde um Stunde zwanghaft und ohne es eigentlich zu wollen,**
hour after hour compulsively and without actually wanting to,

78.32 **machen Besuche, führen Unterhaltungen,**
making visits, having conversations,

78.33 **sitzen Amts - und Bürostunden ab, alles zwanghaft,**
sitting through official and office hours, all compulsively,

78.34 **mechanisch, ungewollt,**
mechanically, unintentionally,

78.35 **alles könnte ebensogut von Maschinen gemacht werden oder unterbleiben;**
all of which could just as easily be done by machines or not done at all;

und diese ewig fortlaufende Mechanik ist es, die sie 78.36
hindert, gleich mir, Kritik am eigenen Leben zu üben,
seine Dummheit und Seichtheit, seine scheußlich
grinsende Fragwürdigkeit, seine hoffnungslose
Trauer und Öde zu erkennen und zu fühlen.

and it is this eternally ongoing mechanics that prevents
them, like me, from criticizing their own lives, from
recognizing and feeling their stupidity and shallowness,
their hideously grinning dubiousness, their hopeless
sadness and tedium.

O, und sie haben recht, unendlich recht, die 78.37
Menschen, daß sie so leben, daß sie ihre Spielchen
spielen und ihren Wichtigkeiten nachlaufen, statt
sich gegen die betrübende Mechanik zu wehren und
verzweifelt ins Leere zu starren, wie ich entgleister
Mensch es tue.

Oh, and they are right, infinitely right, the people, that
they live like this, that they play their little games and
run after their importance instead of resisting the sad
mechanics and staring desperately into the void, as I, a
derailed person, do.

Wenn ich in diesen Blättern zuweilen die Menschen 78.38
verachte und auch verspotte, so glaube doch darum
niemand, daß ich ihnen die Schuld zuwälzen, daß
ich sie anklagen, daß ich andre für mein persönliches
Elend verantwortlich machen möchte!

If I sometimes despise and mock people in these pages,
don't think that I want to blame them, accuse them or
make others responsible for my personal misery!

78.39 Ich aber, der ich nun einmal so weit gegangen bin und am Rande des Lebens stehe, wo es ins bodenlose Dunkel fällt, ich tue unrecht und lüge, wenn ich mir und andern vorzutäuschen versuche, als laufe auch für mich jene Mechanik noch, als sei auch ich noch zu jener holden kindlichen Welt des ewigen Spiels gehörig!

But I, who have now gone so far and stand on the edge of life, where it falls into bottomless darkness, I do wrong and lie when I try to pretend to myself and others that those mechanics are still running for me too, that I still belong to that fair childlike world of eternal play!

79.1 Der Abend wurde denn auch entsprechend wunderbar.

The evening turned out to be wonderful.

79.2 Vor dem Haus meines Bekannten blieb ich einen Augenblick stehen und sah zu den Fenstern empor.

I stopped for a moment in front of my friend's house and looked up at the windows.

Da wohnt dieser Mann, dachte ich, und tut Jahr um 79.3
Jahr seine Arbeit weiter, liest und kommentiert
Texte, sucht nach Zusammenhängen zwischen
vorderasiatischen und indischen Mythologien und
ist vergnügt dabei, denn er glaubt an den Wert seines
Tuns, er glaubt an die Wissenschaft, deren Diener
er ist, er glaubt an den Wert des bloßen Wissens, des
Aufspeicherns, denn er glaubt an den Fortschritt, an
die Entwicklung.

This man lives there, I thought, and continues his work
year after year, reading and commenting on texts,
searching for connections between Near Eastern and
Indian mythologies and is happy to do so, because he
believes in the value of his work, he believes in science,
whose servant he is, he believes in the value of mere
knowledge, of memorization, because he believes in
progress, in development.

Er hat den Krieg nicht miterlebt, nicht die 79.4
Erschütterung der bisherigen Denkgrundlagen durch
Einstein (das, denkt er, geht nur die Mathematiker
an), er sieht nichts davon, wie rings um ihn der
nächste Krieg vorbereitet wird, er hält Juden und
Kommunisten für hassenswert, er ist ein gutes,
gedankenloses, vergnügtes, sich wichtig nehmendes
Kind, er ist sehr zu beneiden.

He didn't experience the war, he didn't see Einstein's
shattering of the previous foundations of thought (that,
he thinks, only affects mathematicians), he sees nothing
of how the next war is being prepared all around him, he
thinks Jews and communists are hateful, he is a good,
thoughtless, happy, self-important child, he is very
enviable.

79.5 Ich gab mir einen Ruck und trat ein, wurde vom
weißbeschürzten Dienstmädchen empfangen, aus
irgendeiner Ahnung mir genau die Stelle merkend,
wohin sie meinen Hut und Mantel brachte, ich wurde
in ein warmes helles Zimmer geführt und zu warten
gebeten, und statt ein Gebet zu sprechen oder ein
wenig zu schlafen, folgte ich einem spielerischen
Trieb und nahm den nächsten Gegenstand in die
Hände, der sich mir anbot.

I gave myself a jolt and entered, was received by the white-
shirted maid, on some hunch I remembered exactly where
she took my hat and coat, I was led into a warm, bright
room and asked to wait, and instead of saying a prayer or
sleeping a little, I followed a playful impulse and picked up
the next object that presented itself to me.

79.6 Es war ein kleines gerahmtes Bild, das auf dem
runden Tisch seinen Standort hatte, durch eine steife
Kartonklappe zum Schrägstehen gezwungen.

It was a small framed picture, placed on the round table,
forced to stand at an angle by a stiff cardboard flap.

79.7 Es war eine Radierung und stellte den Dichter Goethe
dar, einen charaktervollen, genial frisierten Greis
mit schön modelliertem Gesicht, in welchem weder
das berühmte Feuerauge fehlte noch der Zug von
leicht hofmännisch übertünchter Einsamkeit und
Tragik, auf welche der Künstler ganz besondere
Mühe verwandt hatte.

It was an etching and depicted the poet Goethe, an old man
full of character, ingeniously coiffed, with a beautifully
modeled face, in which neither the famous fiery eye was
missing, nor the touch of slightly courtly whitewashed
loneliness and tragedy, on which the artist had taken
particular care.

Es war ihm gelungen, diesem dämonischen Alten, 79.8
seiner Tiefe unbeschadet, einen etwas professoralen
oder auch schauspielerischen Zug von Beherrschtheit
und Biederkeit mitzugeben und ihn, alles in allem,
zu einem wahrhaft schönen alten Herrn zu gestalten,
welcher jedem Bürgerhause zum Schmuck gereichen
konnte.

He had succeeded in imbuing this demonic old man with
a somewhat professorial or even theatrical air of restraint
and bourgeoisie, without detracting from his depths, and,
all in all, in making him a truly handsome old gentleman
who could be an ornament to any bourgeois home.

Vermutlich war dieses Bild nicht dümmer als 79.9
alle Bilder dieser Art, alle diese von fleißigen
Kunsthandwerkern hergestellten holden Heilande,
Apostel, Heroen, Geisteshelden und Staatsmänner,
vielleicht wirkte es nur durch eine gewisse virtuose
Gekonntheit so aufreizend auf mich; sei dem wie
ihm wolle, auf jeden Fall schrie mir, der ich schon
hinlänglich gereizt und geladen war, diese eitle und
selbstgefällige Darstellung des alten Goethe sogleich
als ein fataler Mißklang entgegen und zeigte mir, daß
ich hier nicht am richtigen Orte sei.

Presumably this picture was no dumber than all pictures
of this kind, all these fair saints, apostles, heroes, spiritual
heroes and statesmen produced by industrious craftsmen;
perhaps it was only through a certain virtuoso skill that
it had such a tantalizing effect on me; Be that as it may,
in any case, this vain and self-important portrayal of old
Goethe immediately screamed out to me, who was already
sufficiently irritated and charged, as a fatal discord and
showed me that I was not in the right place here.

Hier waren schön stilisierte Altmeister und nationale 79.10
Größen zu Hause,

This was the home of beautifully stylized old masters and
national greats,

166

79.11 **keine Steppenwölfe.**

not steppe wolves.

80.1 **Wäre jetzt der Hausherr eingetreten, so wäre es mir vielleicht geglückt, unter annehmbaren Vorwänden meinen Rückzug auszuführen.**

If the landlord had now entered, I might have succeeded in making my retreat under acceptable pretexts.

80.2 **Es kam jedoch seine Frau herein, und ich ergab mich ins Geschick, obwohl ich Unheil ahnte.**

But his wife came in, and I resigned myself to my fate, although I suspected disaster.

80.3 **Wir begrüßten uns,**

We greeted each other,

80.4 **und dem ersten Mißklang folgten lauter neue.**

and the first discord was followed by many more.

80.5 **Die Frau beglückwünschte mich zu meinem guten Aussehen, während mir nur allzu bewußt war, wie sehr ich in den Jahren seit unsrer letzten Begegnung gealtert war;**

The woman complimented me on my good looks, while I was only too aware of how much I had aged in the years since we last met;

80.6 **schon bei ihrem Händedruck hatte der Schmerz in den Gichtfingern mich fatal daran erinnert.**

even as she shook my hand, the pain in my gouty fingers was a fatal reminder.

Ja, und dann fragte sie, wie es denn meiner lieben   80.7
Frau gehe, und ich mußte ihr sagen, daß meine Frau
mich verlassen habe und unsre Ehe geschieden sei.

Yes, and then she asked how my dear wife was, and I had to
tell her that my wife had left me and that we were divorced.

Wir waren froh, als der Professor eintrat.   80.8

We were glad when the professor entered.

Auch er begrüßte mich herzlich, und die Schiefheit   80.9
und Komik der Situation fand alsbald den denkbar
hübschesten Ausdruck.

He, too, greeted me warmly, and the wryness and comedy
of the situation soon found the nicest possible expression.

Er hielt eine Zeitung in Händen, das Blatt, auf das er   80.10
abonniert war, eine Zeitung der Militaristen - und
Kriegshetzepartei, und nachdem er mir die Hand
gegeben hatte, deutete er auf das Blatt und erzählte,
darin stehe etwas über einen Namensvetter von
mir, einen Publizisten Haller, der ein übler Kerl
und vaterlandsloser Geselle sein müsse, er habe
sich über den Kaiser lustig gemacht und sich zu der
Ansicht bekannt, daß sein Vaterland am Entstehen
des Krieges um nichts minder schuldig sei als die
feindlichen Länder.

He held a newspaper in his hands, the paper to which
he subscribed, a newspaper of the militarist and war-
mongering party, and after shaking hands with me, he
pointed to the paper and said that it contained something
about a namesake of mine, a publicist Haller, who must
be a bad fellow and a patriot, who had made fun of the
Emperor and professed the opinion that his fatherland was
no less guilty of the war than the enemy countries.

Was das für ein Kerl sein müsse!   80.11

What a fellow he must be!

80.12 **Na, hier kriege der Bursche es gesagt, die Redaktion habe diesen Schädling recht schneidig erledigt und an den Pranger gestellt.**

Well, this is where the fellow gets it said, the editors have dealt with this pest quite dashingly and put him in the pillory.

80.13 **Wir gingen jedoch zu anderem über, als er sah, daß dies Thema mich nicht interessiere, und die beiden dachten wirklich nicht von ferne an die Möglichkeit, daß jenes Scheusal vor ihnen sitzen könne, und doch war es so, das Scheusal war ich selbst.**

But we moved on to something else when he saw that I wasn't interested in this topic, and the two of them really didn't even remotely consider the possibility that this monster could be sitting in front of them, and yet it was, the monster was me.

80.14 **Na, wozu Lärm machen und die Leute beunruhigen!**

Well, why make noise and worry people!

80.15 **Ich lachte in mich hinein, gab aber jetzt die Hoffnung verloren, an diesem Abend noch etwas Angenehmes zu erleben.**

I laughed to myself, but now gave up hope of experiencing anything pleasant that evening.

80.16 **Ich habe den Augenblick deutlich in Erinnerung.**

I remember the moment clearly.

In diesem Augenblick nämlich, während der 80.17
Professor vom Vaterlandsverräter Haller sprach,
verdichtete sich in mir das schlimme Gefühl von
Depression und Verzweiflung, das sich seit der
Begräbnisszene in mir angehäuft und immer
verstärkt hatte, zu einem wüsten Druck, zu einer
körperlich (im Unterleib) fühlbaren Not, einem
würgend angstvollen Schicksalsgefühl.

At that moment, while the professor was talking about
Haller, the traitor to the fatherland, the terrible feeling
of depression and despair that had been building up and
intensifying in me since the funeral scene, intensified into
a fierce pressure, a physically (abdominal) palpable distress,
a chokingly fearful sense of fate.

Es lag etwas gegen mich auf der Lauer, fühlte ich, es 80.18
beschlich mich von hinten eine Gefahr.

Something was lying in wait against me, I felt, a danger was
creeping up on me from behind.

Zum Glück kam jetzt die Meldung, daß das Essen 80.19
bereitstehe.

Fortunately, the news came that the food was ready.

Wir gingen ins Speisezimmer, und während ich mich 80.20
bemühte, immer wieder irgend etwas Harmloses zu
sagen oder zu fragen, aß ich mehr, als ich gewohnt
war, und fühlte mich von Augenblick zu Augenblick
jämmerlicher.

We went into the dining-room, and while I endeavored
always to say or ask something harmless, I ate more than I
was accustomed to, and felt more and more miserable every
moment.

Mein Gott, dachte ich beständig, warum strengen wir 80.21
uns denn so an?

My God, I kept thinking, why are we trying so hard?

80.22 **Deutlich fühlte ich, daß auch meine Gastgeber sich gar nicht wohl fühlten und daß ihre Munterkeit ihnen Mühe mache, sei es nun, daß ich so lähmend wirkte, sei es, daß sonst eine Verstimmung im Hause war.**

I clearly sensed that my hosts were not feeling well either, and that they were having trouble being lively, whether it was because I was so paralyzing or because there was some other disgruntlement in the house.

80.23 **Sie fragten mich nach lauter Dingen, auf welche eine aufrichtige Antwort nicht zu geben war, bald hatte ich mich richtig festgelogen und kämpfte mit dem Ekel bei jedem Wort.**

They asked me about all sorts of things to which it was impossible to give a sincere answer, and soon I was really lying to myself and struggling with disgust at every word.

80.24 **Schließlich begann ich, um abzulenken, von dem Begräbnis zu erzählen, dessen Zuschauer ich heut gewesen war.**

Finally, to distract myself, I began to talk about the funeral I had attended today.

80.25 **Aber ich traf den Ton nicht, meine Anläufe zum Humor wirkten verstimmend, wir kamen mehr und mehr auseinander, in mir lachte der Steppenwolf mit grinsendem Gebiß, und beim Nachtisch waren wir alle drei recht schweigsam.**

But I didn't hit the right note, my attempts at humor had a disgruntling effect, we grew more and more apart, the Steppenwolf in me laughed with a grin on his face, and by dessert we were all three quite silent.

Wir kehrten in jenes erste Zimmer zurück, um Kaffee
und Schnaps zu trinken, vielleicht würde uns das ein
wenig aufhelfen.

81.1

We returned to that first room to drink coffee and
schnapps, perhaps that would help us a little.

Aber da fiel der Dichterfürst mir wieder ins Auge,

81.2

But then the Prince of Poets caught my eye again,

obwohl er beiseite auf eine Kommode gestellt worden
war.

81.3

although he had been put aside on a chest of drawers.

Ich kam nicht los von ihm, und, nicht ohne warnende
Stimmen in mir zu vernehmen, nahm ich ihn
wieder in die Hand und begann mich mit ihm
auseinanderzusetzen.

81.4

I couldn't get away from it and, not without hearing
warning voices inside me, I picked it up again and began
to grapple with it.

Ich war wie besessen von dem Gefühl, daß die
Situation unerträglich sei, daß es mir jetzt gelingen
müsse, meine Wirte entweder zu erwärmen,
mitzureißen und auf meinen Ton zu stimmen oder
aber vollends eine Explosion herbeizuführen.

81.5

I was obsessed by the feeling that the situation was
unbearable, that I must now succeed in either warming
up my hosts, carrying them along and tuning them to my
tone, or else causing a complete explosion.

»Hoffen wir«, sagte ich,

82.1

"Let's hope", I said,

»daß Goethe nicht wirklich so ausgesehen hat!

82.2

"that Goethe didn't really look like that!

82.3 Diese Eitelkeit und edle Pose, diese mit den verehrten Anwesenden liebäugelnde Würde und unter der männlichen Oberfläche diese Welt von holdester Sentimentalität!

This vanity and noble pose, this dignity flirting with the honored attendees and, beneath the manly surface, this world of the most lovely sentimentality!

82.4 Man kann ja gewiß viel gegen ihn haben, auch ich habe oft viel gegen den alten Wichtigtuer, aber ihn so darzustellen, nein, das geht doch zu weit.«

You can certainly have a lot against him, I often have a lot against the old pompous man, but to portray him like that, no, that's going too far."

83.1 Die Hausfrau schenkte den Kaffee vollends ein, mit einem tief leidenden Gesicht, dann eilte sie aus dem Zimmer, und ihr Mann eröffnete mir, halb verlegen, halb vorwurfsvoll, dies Goethebild gehöre seiner Frau und werde von ihr ganz besonders geliebt.

The housewife poured out all the coffee with a deeply sorrowful face, then hurried out of the room, and her husband told me, half embarrassed, half reproachful, that this Goethe painting belonged to his wife and was especially loved by her.

83.2 »Und selbst, wenn Sie objektiv recht hätten, was ich übrigens bestreite, durften Sie sich doch nicht so kraß ausdrücken.«

"And even if you were objectively right, which I deny, you shouldn't have expressed yourself so harshly."

84.1 »Da haben Sie recht«, gab ich zu.

"You're right", I admitted.

173

»Es ist leider eine Gewohnheit, ein Laster von mir, 84.2
mich immer für den möglichst krassen Ausdruck zu
entscheiden, was übrigens Goethe in seinen guten
Stunden auch getan hat.

"Unfortunately, it's a habit, a vice of mine, to always opt for
the most blatant expression possible, which, incidentally,
Goethe also did in his good times.

Dieser süße spießige Salongoethe freilich hätte 84.3
nie einen krassen, einen echten, unmittelbaren
Ausdruck gebraucht.

Of course, this sweet, stuffy salon Goethe would never have
used a crass, genuine, direct expression.

Ich bitte Sie und Ihre Frau sehr um Entschuldigung – 84.4

I apologize to you and your wife –

sagen Sie ihr bitte, daß ich schizophren bin. 84.5

please tell her that I am schizophrenic.

Und zugleich bitte ich um Erlaubnis, mich empfehlen 84.6
zu dürfen.«

And at the same time I ask your permission to recommend
me."

Der betretene Herr erhob zwar noch einige 84.7
Einwände, kam auch wieder darauf zu sprechen, wie
schön und anregend unsre einstigen Unterredungen
gewesen seien, ja, daß meine Vermutungen über
Mithras und Krischna ihm damals tiefen Eindruck
gemacht hätten und daß er gehofft habe, auch heute
wieder ...

The gentleman, who had been taken aback, raised a
few more objections, but also returned to how nice and
stimulating our earlier conversations had been, indeed that
my assumptions about Mithras and Krishna had made a
deep impression on him then and that he had hoped to do
so again today ...

84.8 **und so weiter.**
and so on.

84.9 **Ich dankte ihm und sagte,**
I thanked him and said that these were very kind words,

84.10 **daß dies sehr freundliche Worte seien,**
but that unfortunately my interest in Krishna as well as my
desire for scientific discussions had completely dwindled,

84.11 **daß aber leider mein Interesse für Krischna ebenso
wie meine Lust zu wissenschaftlichen Gesprächen
ganz und gar geschwunden sei,**
that I had lied to him several times today,

84.12 **daß ich ihn heute mehrmals angelogen habe,**
for example,

84.13 **so sei ich zum Beispiel nicht seit einigen Tagen hier in
der Stadt,**
that I had not been here in the city for a few days,

84.14 **sondern seit vielen Monaten,**
but for many months,

84.15 **lebe aber für mich allein und sei nicht mehr für den
Verkehr in besseren Häusern geeignet,**
but that I lived alone and was no longer suitable for
intercourse in better houses,

84.16 **denn erstens sei ich stets sehr schlechter Laune und
mit Gicht behaftet und zweitens meistens betrunken.**
because firstly I was always in a very bad mood and afflicted
with gout and secondly I was usually drunk.

Ferner, um reinen Tisch zu schaffen und wenigstens nicht als Lügner wegzugehen, müsse ich dem verehrten Herrn erklären, daß er mich heute recht sehr beleidigt habe.

84.17

Furthermore, in order to clear the air and at least not go away as a liar, I had to explain to the gentleman that he had insulted me very much today.

Er habe sich jene dumme, stiernackige, eines beschäftigungslosen Offiziers, nicht aber eines Gelehrten würdige Stellung eines reaktionären Blattes zu Hallers Meinungen zu eigen gemacht.

84.18

He had adopted that stupid, bull-necked position of a reactionary newspaper on Haller's opinions, which is worthy of an unemployed officer but not of a scholar.

Dieser »Bursche«

84.19

But this "fellow"

und vaterlandslose Geselle Haller aber sei ich selber, und es stünde besser um unser Land und um die Welt, wenn wenigstens die paar denkfähigen Menschen sich zu Vernunft und Friedensliebe bekennten, statt blind und besessen auf einen neuen Krieg loszusteuern.

84.20

and patriotless journeyman Haller was myself, and it would be better for our country and for the world if at least the few people capable of thinking professed reason and love of peace instead of blindly and obsessively heading for a new war.

So, und damit Gott befohlen.

84.21

So, and so God commanded.

176

85.1 **Und so erhob ich mich, nahm Abschied von Goethe und dem Professor, riß draußen meine Sachen vom Kleiderhaken und lief davon.**

And so I got up, said goodbye to Goethe and the professor, tore my things off the coat hook outside and ran away.

85.2 **Laut heulte in meiner Seele der schadenfrohe Wolf,**

The mischievous wolf howled loudly in my soul,

85.3 **ein gewaltiges Theater fand zwischen den beiden Harrys statt.**

a huge drama took place between the two Harrys.

85.4 **Denn, das war mir sofort klar, diese unerquickliche Abendstunde hatte für mich viel mehr Bedeutung als für den indignierten Professor;**

For it was immediately clear to me that this unpleasant evening had much more meaning for me than for the indignant professor;

85.5 **für ihn war sie eine Enttäuschung und ein kleines Ärgernis, für mich aber war sie ein letztes Mißlingen und Davonlaufen, war mein Abschied von der bürgerlichen, der moralischen, der gelehrten Welt, war ein vollkommener Sieg des Steppenwolfes.**

for him it was a disappointment and a minor annoyance, but for me it was a final failure and running away, my farewell to the bourgeois, moral and scholarly world, a complete victory for the Steppenwolf.

85.6 **Und es war ein Abschiednehmen als Flüchtling und Besiegter, eine Bankrotterklärung vor mir selber, ein Abschied ohne Trost, ohne Überlegenheit, ohne Humor.**

And it was a farewell as a refugee and a defeated man, a declaration of bankruptcy before myself, a farewell without consolation, without superiority, without humor.

Ich hatte von meiner ehemaligen Welt und Heimat, von Bürgerlichkeit, Sitte, Gelehrsamkeit nicht anders Abschied genommen als der Mann mit dem Magengeschwür vom Schweinebraten.

85.7

I had bid farewell to my former world and homeland, to bourgeoisie, custom and erudition no differently than the man with the stomach ulcer had bid farewell to roast pork.

Wütend lief ich unter den Laternen hin,

85.8

I walked angrily under the lampposts,

wütend und todestraurig.

85.9

furious and deadly sad.

Was war das für ein trostloser, beschämender, böser Tag gewesen, vom Morgen bis zum Abend, vom Friedhof bis zur Szene beim Professor!

85.10

What a dreary, shameful, evil day it had been, from morning to evening, from the cemetery to the scene at the Professor's!

Wozu? Warum?

85.11

What for? What was the point?

Hatte es einen Sinn, noch mehr solche Tage auf sich zu laden, noch mehr solche Suppen auszufressen?

85.12

Was there any point in taking on more days like this, eating up more soup like this?

Nein!

85.13

No!

Und so würde ich denn heut nacht der Komödie ein Ende machen.

85.14

And so I would put an end to the comedy tonight.

Geh heim, Harry, und schneide dir die Kehle durch!

85.15

Go home, Harry, and cut your throat!

85.16 **Lang genug hast du damit gewartet.**
You've waited long enough.

86.1 **Hin und her lief ich durch die Straßen, vom Elend geritten.**
I walked back and forth through the streets, ridden by misery.

86.2 **Natürlich war es dumm von mir gewesen, den guten Leuten ihren Salonschmuck zu bespucken, es war dumm und unartig, aber ich konnte und konnte nun einmal nicht anders, ich konnte dies zahme, verlogene, artige Leben nicht mehr ertragen.**
Of course it had been stupid of me to spit on the good people's parlor decorations, it was stupid and naughty, but I couldn't and couldn't help it, I couldn't bear this tame, mendacious, artless life any longer.

86.3 **Und da ich, wie es schien, auch die Einsamkeit nicht mehr ertragen konnte, da auch meine eigene Gesellschaft mir so unsäglich verhaßt und zum Ekel geworden war, da ich im luftleeren Raum meiner Hölle erstickend um mich schlug, was gab es da noch für einen Ausweg?**
And since, as it seemed, I could no longer bear the loneliness either, since even my own company had become so unspeakably hateful and disgusting to me, since I was thrashing about suffocatingly in the vacuum of my hell, what other way out was there?

86.4 **Es gab keinen.**
There was none.

179

O Vater und Mutter, o ferne heilige Feuer meiner Jugend, o ihr tausend Freuden, Arbeiten und Ziele meines Lebens!

86.5

O father and mother, O distant sacred fires of my youth, O you thousand joys, labors and goals of my life!

Nichts von allem war mir geblieben, nicht einmal Reue, nur Ekel und Schmerz.

86.6

I had nothing left, not even remorse, only disgust and pain.

Nie, so schien mir, hatte das bloße Lebenmüssen so weh getan wie in dieser Stunde.

86.7

Never, it seemed to me, had the mere necessity of living hurt so much as in this hour.

In einer trostlosen Vorstadtkneipe ruhte ich einen Augenblick aus, trank Wasser und Kognak, lief wieder weiter, vom Teufel gejagt, die steilen krummen Gassen der Altstadt hinauf und hinab, durch die Alleen, über den Bahnhofplatz.

87.1

I rested for a moment in a desolate suburban pub, drank water and cognac, then walked on again, chased by the devil, up and down the steep, crooked alleys of the old town, through the avenues, across the station square.

Fortreisen!, dachte ich, ging in den Bahnhof, starrte auf die Fahrpläne an den Wänden, trank etwas Wein, versuchte, mich zu besinnen.

87.2

I thought to myself, walked into the station, stared at the timetables on the walls, drank some wine, tried to think things over.

Immer näher, immer deutlicher begann ich das Gespenst zu sehen, vor dem ich mich fürchtete.

87.3

Closer and closer, more and more clearly, I began to see the spectre I was afraid of.

87.4 Es war die Heimkehr, die Rückkehr in meine Stube, das Stillhaltenmüssen vor der Verzweiflung!

It was the return home, the return to my room, the need to stand still in the face of despair!

87.5 Dem entging ich nicht, auch wenn ich noch viele Stunden herumlief, nicht der Rückkehr zu meiner Tür, zum Tisch mit den Büchern, zum Diwan mit dem Bild meiner Geliebten darüber, nicht dem Augenblick, da ich das Rasiermesser abziehen und mir die Kehle durchschneiden mußte.

I could not escape it, even though I walked around for many hours, not the return to my door, to the table with the books, to the divan with the picture of my beloved above it, not the moment when I had to pull out the razor and cut my throat.

87.6 Immer deutlicher tat dies Bild sich vor mir auf, und immer deutlicher, mit rasend klopfendem Herzen, fühlte ich die Angst aller Ängste:

This picture loomed up before me ever more clearly, and ever more clearly, with my heart beating furiously, I felt the fear of all fears:

87.7 die Todesfurcht! Ja,

the fear of death! Yes,

87.8 ich hatte eine grauenhafte Furcht vor dem Tode.

I had a terrible fear of death.

Obwohl ich keinen andern Ausweg sah, obwohl   87.9
Ekel, Leid und Verzweiflung rings um mich getürmt
standen, obwohl nichts mehr mich zu locken,
mir Freude und Hoffnung zu machen imstande
war, graute mir doch unaussprechlich vor der
Hinrichtung, vor dem letzten Augenblick, vor dem
kalten klaffenden Schnitt ins eigene Fleisch!

Although I saw no other way out, although disgust,
suffering and despair were piled up all around me,
although nothing was able to entice me, to give me joy
and hope, I still dreaded the execution beyond words, the
last moment, the cold, gaping cut in my own flesh!

Ich sah keinen Weg, dem Gefürchteten zu entrinnen.   88.1

I saw no way of escaping the dreaded.

Würde im Kampf zwischen Verzweiflung und   88.2
Feigheit heute auch vielleicht die Feigheit siegen,
morgen und jeden Tag würde von neuem die
Verzweiflung vor mir stehen, noch erhöht durch
die Selbstverachtung.

Even if cowardice won the battle between despair and
cowardice today, tomorrow and every day I would face
despair anew, exacerbated by self-loathing.

Ich würde so lange das Messer zur Hand nehmen und   88.3
wieder wegwerfen, bis es endlich doch einmal getan
war.

I would pick up the knife and throw it away again until it
was finally done.

Dann lieber heute noch!   88.4

Better today then!

88.5 Vernünftig sprach ich mir selber zu, wie einem geängstigten Kind, aber das Kind hörte nicht, es lief davon, es wollte leben.

I spoke reasonably to myself, like a frightened child, but the child didn't listen, it ran away, it wanted to live.

88.6 Zuckend riß es mich weiter durch die Stadt, im weiten Bogen umkreiste ich meine Wohnung, stets die Heimkehr im Sinn, stets sie verzögernd.

Twitching, it tore me on through the city, I circled my apartment in a wide arc, always thinking of returning home, always delaying it.

88.7 Da und dort blieb ich in einer Kneipe hängen, einen Becher lang, zwei Becher lang, dann jagte es mich weiter, im weiten Kreise um das Ziel, um das Rasiermesser, um den Tod herum.

Here and there I got stuck in a pub, for a cup, two cups, then it chased me on, in a wide circle around the target, around the razor, around death.

88.8 Todmüde saß ich zuweilen auf einer Bank, auf einem Brunnenrand, auf einem Prellstein, hörte mein Herz klopfen, wischte mir den Schweiß von der Stirn, lief wieder weiter, voll tödlicher Angst, voll flackernder Sehnsucht nach Leben.

Deathly tired, I sometimes sat on a bench, on the edge of a well, on a boulder, heard my heart pounding, wiped the sweat from my forehead, ran on again, full of mortal fear, full of a flickering longing for life.

So zog es mich, spät in der Nacht, in einer entlegenen und mir wenig bekannten Vorstadt, in ein Wirtshaus hinein, hinter dessen Fenstern heftige Tanzmusik erscholl.

So, late at night, in a remote and little-known suburb, I was drawn to an inn, behind the windows of which was blaring dance music.

89.1

Überm Tor las ich im Hineingehen ein altes Schild:

As I walked in, I read an old sign above the door:

89.2

Zum schwarzen Adler.

Zum schwarzen Adler.

89.3

Drinnen war Freinacht, lautes Menschengetümmel, Rauch, Weindunst und Geschrei, im hintern Saale wurde getanzt, dort wütete die Tanzmusik.

Inside it was open night, loud crowds, smoke, wine fumes and shouting, people were dancing in the back room, where the dance music was raging.

89.4

Ich blieb im vordern Raume, wo lauter einfache, zum Teil ärmlich gekleidete Leute sich aufhielten, während hinten im Ballsaal auch elegante Erscheinungen zu erspähen waren.

I stayed in the front room, which was full of simple, sometimes poorly dressed people, while at the back of the ballroom there were also elegant figures to be seen.

89.5

Vom Gedränge durch den Raum gestoßen, ward ich neben dem Büfett an einen Tisch gedrängt, ein hübsches bleiches Mädchen saß auf der Wandbank, in einem dünnen, tief ausgeschnittenen Ballkleidchen, eine verwelkte Blume im Haar.

Pushed through the room by the crowd, I was pushed to a table next to the buffet; a pretty, pale girl was sitting on the wall bench in a thin, low-cut ball gown, a wilted flower in her hair.

89.6

89.7 Das Mädchen blickte mich, als es mich kommen sah, aufmerksam und freundlich an, lächelnd rückte es ein wenig beiseite und machte mir Platz.

When the girl saw me coming, she looked at me attentively and kindly, smiled, moved aside a little and made room for me.

90.1 »Darf ich?« fragte ich und setzte mich neben sie.

"May I?" I asked and sat down next to her.

91.1 »Gewiß, du darfst«, sagte sie, »wer bist du denn?«

"Of course you can", she said, "who are you?"

92.1 »Danke«, sagte ich,

"Thank you", I said,

92.2 »ich kann unmöglich nach Hause gehen, ich kann nicht, ich kann nicht, ich will hierbleiben, bei Ihnen, wenn Sie es erlauben.

"I can't possibly go home, I can't, I can't, I want to stay here, with you, if you allow it.

92.3 Nein, ich kann nicht heimgehen.«

No, I can't go home."

93.1 Sie nickte, als verstünde sie mich, und indem sie nickte, betrachtete ich die Locke, die von ihrer Stirn am Ohr vorbeifiel, und ich sah, daß die welke Blume eine Kamelie war.

She nodded as if she understood me, and as she nodded I looked at the curl that fell from her forehead past her ear, and I saw that the wilted flower was a camellia.

93.2 Von drüben schmetterte die Musik,

Music blared from over there,

am Büfett riefen die Kellnerinnen hastig ihre
Bestellungen aus.

93.3

and the waitresses at the buffet hurriedly called out their
orders.

»Bleib nur hier«, sagte sie mit einer Stimme, die mir
wohltat.

94.1

"Just stay here", she said in a voice that made me feel good.

»Warum kannst du denn nicht heimgehen?«

94.2

"Why can't you go home?"

»Ich kann nicht. Zu Hause wartet etwas auf mich –

95.1

"I can't. There's something waiting for me at home –

nein, ich kann nicht, es ist zu schrecklich.«

95.2

no, I can't, it's too awful."

»Dann laß es warten und bleib da.

96.1

"Then let it wait and stay there.

Komm, wische dir erst die Brille ab, du kannst ja gar
nichts sehen.

96.2

Come on, wipe your glasses first, you can't see a thing.

So, gib dein Taschentuch. Was wollen wir denn
trinken?

96.3

Give me your handkerchief. What shall we drink?

Burgunder?«

96.4

Burgundy? "

Sie wischte mir meine Brille ab;

97.1

She wiped my glasses;

186

97.2 nun sah ich sie erst deutlich, das bleiche, feste
Gesicht mit dem blutrot gemalten Mund, mit den
hellen grauen Augen, mit der glatten, kühlen Stirn,
mit der kurzen straffen Locke vorm Ohr.

now I saw her clearly, the pale, firm face with the blood-red
painted mouth, the bright gray eyes, the smooth, cool
forehead, the short, tight curl in front of her ear.

97.3 Gütig und ein klein wenig spöttisch nahm sie sich
meiner an, bestellte Wein, stieß mit mir an und sah
dabei auf meine Schuhe hinunter.

She graciously and a little mockingly took care of me,
ordered wine, clinked glasses with me and looked down at
my shoes.

98.1 »Mein Gott, woher kommst du denn?

"My God, where did you come from?

98.2 Du siehst aus, wie wenn du zu Fuß von Paris
gekommen wärst.

You look like you came from Paris on foot.

98.3 So kommt man doch nicht an einen Ball.«

That's no way to get to a ball."

99.1 Ich sagte ja und nein, lachte ein wenig, ließ sie reden.

I said yes and no, laughed a little, let her talk.

99.2 Sie gefiel mir sehr, und ich war darüber verwundert,
denn solch junge Mädchen hatte ich bisher gemieden
und eher mit Mißtrauen betrachtet.

I liked her very much, and I was astonished, because I had
avoided such young girls up to then and had regarded them
with suspicion.

Und sie war genau so mit mir, wie es in diesem Augenblick für mich gut war –   99.3
And she was with me exactly as it was good for me at that moment –

o, und so ist sie auch seither zu jeder Stunde mit mir gewesen.   99.4
oh, and she has been with me every hour since then.

Sie behandelte mich so schonend, wie ich es nötig hatte, und so spöttisch, wie ich es nötig hatte.   99.5
She treated me as gently as I needed and as mockingly as I needed.

Sie bestellte ein belegtes Brot und befahl mir, es zu essen.   99.6
She ordered a sandwich and told me to eat it.

Sie schenkte mir ein und hieß mich einen Schluck trinken,   99.7
She poured me a drink and told me to take a sip,

aber nicht zu rasch. Dann lobte sie meine Folgsamkeit.   99.8
but not too quickly. Then she praised my obedience.

»Du bist brav«, meinte sie ermunternd,   100.1
"You're a good girl", she said encouragingly,

»du machst es einem nicht schwer.   100.2
"you don't make it difficult.

Wollen wir wetten, daß es lange her ist, seit du zum letztenmal jemandem hast gehorchen müssen?«   100.3
Wanna bet it's been a long time since you last had to obey anyone?"

101.1 »Ja, Sie haben die Wette gewonnen. Woher wußten Sie denn das?«

"Yes, you won the bet. How did you know that?"

102.1 »Keine Kunst. Gehorchen ist wie Essen und Trinken –

"Not an art. Obeying is like eating and drinking –

102.2 wer es lang entbehrt hat,

if you've been deprived of it for a long time,

102.3 dem geht nichts darüber. Nicht wahr, du gehorchst mir gern?«

there's nothing like it. Don't you like obeying me?"

103.1 »Sehr gern. Sie wissen alles.«

"I'd love to. You know everything."

104.1 »Du machst es einem leicht.

"You make it easy.

104.2 Vielleicht, Freund, könnte ich dir auch sagen, was das ist, was daheim auf dich wartet und wovor du solche Angst hast.

Maybe, friend, I could tell you what it is that's waiting for you at home and what you're so afraid of.

104.3 Aber du weißt es ja selber, wir brauchen nicht davon zu reden, gelt?

But you know it yourself, we don't need to talk about it, right?

104.4 Dummes Zeug!

Stupid stuff!

Entweder einer hängt sich auf, nun ja, dann hängt er sich eben auf, er wird Grund dazu haben. 104.5

Either someone hangs himself, well, then he hangs himself, he'll have reason to.

Oder er lebt noch, 104.6

Or he's still alive,

und dann hat er sich bloß um das Leben zu kümmern. 104.7

and then he just has to worry about life.

Nichts ist einfacher.« 104.8

Nothing is easier."

»O«, rief ich, »wenn das so einfach wäre! 105.1

"Oh", I cried, "if it were so easy!

Ich habe mich, bei Gott, genug um das Leben gekümmert, und es hat nichts genützt. 105.2

I have, by God, cared enough about life, and it has done no good.

Sich aufhängen ist vielleicht schwer, ich weiß es nicht. 105.3

Hanging yourself up may be hard, I don't know.

Aber leben ist viel, viel schwerer! 105.4

But living is much, much harder!

Weiß Gott, wie schwer es ist!« 105.5

God knows how hard it is!"

»Nun, du wirst sehen, daß es kinderleicht ist. 106.1

"Well, you'll see that it's child's play.

106.2 **Den Anfang haben wir schon gemacht, du hast deine Brille geputzt, hast gegessen, hast getrunken.**
We've already made a start, you've cleaned your glasses, eaten and drunk.

106.3 **Jetzt gehen wir und bürsten deine Hosen und Schuhe ein wenig,**
Now let's go and brush your pants and shoes a little,

106.4 **sie haben es nötig.**
they need it.

106.5 **Und dann wirst du einen Shimmy mit mir tanzen.«**
And then you're going to dance a shimmy with me."

107.1 **»Da sehen Sie«, rief ich eifrig, »daß ich doch recht hatte!**
"So you see", I exclaimed eagerly, "that I was right after all!

107.2 **Nichts tut mir mehr leid, als einen Befehl von Ihnen nicht ausführen zu können.**
Nothing pains me more than not being able to carry out one of your orders.

107.3 **Aber diesen kann ich nicht ausführen.**
But I can't carry it out.

107.4 **Ich kann keinen Shimmy tanzen, und auch keinen Walzer und keine Polka und wie die Dinger alle heißen, ich habe nie in meinem Leben tanzen gelernt.**
I can't dance a shimmy, or a waltz, or a polka, or any of those things, I've never learned to dance in my life.

Sehen Sie jetzt, daß doch nicht alles so einfach ist, wie Sie meinen?«

107.5

Can you see now that not everything is as simple as you think?"

Das schöne Mädchen lächelte mit seinen blutroten Lippen und schüttelte den festen,

108.1

The beautiful girl smiled with her blood-red lips and shook her firm,

knabenhaft frisierten Kopf.

108.2

boyishly coiffed head.

Indem ich sie ansah, wollte mir scheinen, sie gleiche der Rosa Kreisler, dem ersten Mädchen, in das ich mich einst als Knabe verliebt hatte, aber die war ja bräunlich und dunkelhaarig gewesen.

108.3

As I looked at her, it seemed to me that she resembled Rosa Kreisler, the first girl I had fallen in love with as a boy, but she had been brownish and dark-haired.

Nein, ich wußte nicht, an wen dies fremde Mädchen mich erinnerte, ich wußte nur, es war etwas aus sehr früher Jugend, aus der Knabenzeit.

108.4

No, I didn't know who this strange girl reminded me of, I only knew that it was something from my very early youth, from my boyhood.

»Langsam«, rief sie, »langsam! Du kannst also nicht tanzen?

109.1

"Slow down", she shouted, "slowly! So you can't dance?

Überhaupt nicht? Nicht einmal einen Onestep?

109.2

Not at all? Not even an onestep?

109.3 Und dabei behauptest du, weiß Gott, welche Mühe du
dir mit dem Leben gegeben habest!
And yet you claim, God knows, how much effort you've put
into your life!

109.4 Da hast du geflunkert. Junge,
You fibbed about that. Boy,

109.5 das sollte man in deinem Alter nicht mehr tun.
you shouldn't do that at your age.

109.6 Ja, wie kannst du sagen, du habest dir mit dem Leben
Mühe gegeben, wenn du nicht einmal tanzen willst?«
Yes, how can you say you've made an effort in life when you
don't even want to dance?"

110.1 »Wenn ich es doch nicht kann! Ich habe es nie
gelernt.«
"If only I couldn't! I've never learned it."

111.1 Sie lachte.
She laughed.

112.1 »Aber lesen und schreiben hast du gelernt, gelt, und
rechnen und wahrscheinlich auch noch Latein und
Französisch und allerlei solche Sachen?
"But you've learned to read and write, gelt, and do maths
and probably Latin and French and all sorts of things like
that?

Ich will wetten, du bist zehn oder zwölf Jahre in der Schule gesessen und hast womöglich auch noch studiert und hast vielleicht sogar den Doktortitel und kannst Chinesisch oder Spanisch. 112.2

I bet you spent ten or twelve years at school and probably studied and maybe even have a doctorate and know Chinese or Spanish.

Oder nicht? Also. 112.3

Or not? Well.

Aber das bißchen Zeit und Geld für ein paar Tanzstunden hast du nicht aufgebracht! 112.4

But you didn't spend that little bit of time and money on a few dance lessons!

Na!« 112.5

Na! "

»Es waren meine Eltern«, rechtfertigte ich mich, 113.1

"It was my parents", I justified myself,

»sie haben mich Latein und Griechisch und all das Zeug lernen lassen. 113.2

"they made me learn Latin and Greek and all that stuff.

Aber tanzen lernen ließen sie mich nicht, es war bei uns nicht Mode, meine Eltern haben selber nie getanzt.« 113.3

But they didn't let me learn to dance, it wasn't fashionable in our house, my parents never danced themselves. "

114.1 Ganz kalt sah sie mich an, voller Verachtung, und wieder sprach aus ihrem Gesicht etwas, was mich an frühe Jugendzeiten erinnerte.

She looked at me coldly, full of contempt, and again her face reminded me of my early youth.

115.1 »So, also deine Eltern müssen schuldig sein!

"So, your parents must be guilty!

115.2 Hast du sie auch gefragt, ob du heut abend in den Schwarzen Adler gehen dürfest?

Did you ask them if you could go to the Schwarzer Adler tonight?

115.3 Hast du? Sie sind schon lange tot, sagst du? Na also!

Did you? They've been dead for a long time, you say? Well then!

115.4 Wenn du aus lauter Folgsamkeit in deiner Jugend nicht hast tanzen lernen wollen –

If you didn't want to learn to dance out of sheer obedience in your youth –

115.5 meinetwegen!

because of me!

115.6 Obwohl ich nicht glaube, daß du damals so ein Musterknabe warst.

Although I don't think you were such a good boy back then.

115.7 Aber nachher –

But afterwards –

115.8 was hast du denn nachher alle die Jahre lang getrieben?«

what have you been up to all these years?"

»Ach«, gestand ich, »ich weiß es selber nicht mehr. 116.1
"Oh", I confessed, "I don't know anymore myself.

Ich habe studiert, Musik gemacht, Bücher gelesen, 116.2
Bücher geschrieben, Reisen gemacht – «
I studied, made music, read books, wrote books,
traveled – "

»Merkwürdige Ansichten, die du vom Leben hast! 117.1
"Strange views you have of life!

Du hast also immer schwierige und komplizierte 117.2
Sachen getrieben,
So you've always done difficult and complicated things,

und die einfachen hast du gar nicht gelernt? Keine 117.3
Zeit?
and you've never learned the simple ones? No time?

Keine Lust? Na meinetwegen, 117.4
No desire? Fine,

Gott sei Dank bin ich nicht deine Mutter. 117.5
thank God I'm not your mother.

Aber dann so tun, als hättest du das Leben 117.6
durchprobiert, und nichts daran gefunden, nein,
das geht nicht!«
But then to pretend that you've tried life and found nothing
wrong with it, no, that's not possible!"

»Schelten Sie nicht!« bat ich. 118.1
"Don't scold me", I begged.

»Ich weiß schon, daß ich verrückt bin.« 118.2
"I already know I'm crazy."

119.1 »Ach was, sing mir keine Lieder vor!
"Come on, don't sing me any songs!

119.2 Du bist keineswegs verrückt, Herr Professor, du bist
mir sogar viel zu wenig verrückt!
You're not mad at all, Professor, in fact you're far too little
mad!

119.3 Du bist so auf eine dumme Art gescheit, scheint mir,
richtig wie ein Professor.
You're so clever in a silly way, it seems to me, just like a
professor.

119.4 Komm, iß noch ein Brötchen! Nachher erzählst du
weiter.«
Come on, have another sandwich! You'll tell me more
later."

120.1 Sie besorgte mir nochmals ein Brötchen, tat etwas
Salz daran, strich ein wenig Senf darauf, schnitt ein
Stückchen für sich selber ab und hieß mich essen.
She got me another bread roll, put some salt on it, spread a
little mustard on it, cut off a piece for herself and told me to
eat.

120.2 Ich aß.
I ate.

120.3 Ich hätte alles getan, was sie mich geheißen hätte,
alles außer Tanzen.
I would have done anything she asked me to do, anything
except dance.

120.4 Es tat ungeheuer wohl, jemand zu gehorchen, neben
jemand zu sitzen, der einen ausfragte, einem befahl,
einen ausschalt.
It felt incredibly good to obey someone, to sit next to
someone who questioned you, ordered you, told you off.

Hätte der Professor oder seine Frau das vor ein paar Stunden getan, 120.5

If the professor or his wife had done that a few hours ago,

es wäre mir viel erspart geblieben. 120.6

I would have been spared a lot.

Aber nein, es war gut so, es wäre mir viel entgangen! 120.7

But no, it was a good thing, I would have missed out on a lot!

»Wie heißt du eigentlich?« fragte sie plötzlich. 121.1

"What's your name anyway?" she asked suddenly.

»Harry.« 122.1

"Harry."

»Harry? Ein Bubenname! 123.1

"Harry? A boy name!

Und ein Bub bist du auch, Harry, trotz der paar grauen Flecken im Haar. 123.2

And you're a boy too, Harry, despite the few patches of gray in your hair.

Du bist ein Bub, und du solltest jemand haben, der ein wenig nach dir schaut. 123.3

You're a boy, and you should have someone to look after you a bit.

Vom Tanzen sage ich nichts mehr. Aber wie du frisiert bist! 123.4

I won't say any more about dancing. But how you're coiffed!

123.5 **Hast du denn keine Frau, keinen Schatz?«**
Don't you have a wife, a sweetheart?"

124.1 **»Ich habe keine Frau mehr, wir sind geschieden.**
"I no longer have a wife, we're divorced.

124.2 **Einen Schatz hab ich schon, aber er wohnt nicht hier, ich sehe ihn nur selten, wir kommen nicht sehr gut miteinander aus.«**
I already have a sweetheart, but he doesn't live here, I rarely see him, we don't get along very well."

125.1 **Sie pfiff leise durch die Zähne.**
She whistled softly through her teeth.

126.1 **»Du scheinst ein recht schwieriger Herr zu sein,**
"You seem to be quite a difficult gentleman,

126.2 **daß keine bei dir bleibt. Aber sag jetzt:**
that no one stays with you. But tell me now:

126.3 **was war denn heut abend Besonderes los, daß du so vergeistert in der Welt herumgelaufen bist?**
what was going on tonight that made you walk around the world in such a daze?

126.4 **Krach gehabt? Geld verspielt?«**
Had a row? Gambled away money?"

127.1 **Das war nun schwierig zu sagen.**
That was difficult to say.

128.1 **»Sehen Sie«, fing ich an, »es war eigentlich eine Kleinigkeit.**
"You see", I began, "it was actually a small thing.

Ich war eingeladen, bei einem Professor – 128.2

I was invited to a professor's house –

ich selber bin aber keiner –, 128.3

but I'm not one myself –

und eigentlich hätte ich gar nicht hingehen sollen, 128.4
ich bin es nicht mehr gewohnt, so bei Leuten zu
sitzen und zu schwatzen, ich habe es verlernt.

and I really shouldn't have gone, I'm not used to sitting
and chatting with people like that anymore, I've
forgotten how to do it.

Ich ging auch schon in das Haus hinein mit dem 128.5
Gefühl, es werde nicht gutgehen –

I went into the house with the feeling that it wasn't going to
go well –

als ich meinen Hut aufhängte, kam mir schon der 128.6
Gedanke, ich würde ihn vielleicht schon bald wieder
brauchen.

as I was hanging up my hat, the thought occurred to me
that I might need it again soon.

Ja, und bei diesem Professor also, da stand auf dem 128.7
Tisch so ein Bild herum, ein dummes Bild, das mich
ärgerte ...«

Yes, and in this professor's house, there was a picture on
the table, a stupid picture that annoyed me ..."

»Was für ein Bild? Warum ärgerte?« unterbrach sie 129.1
mich.

"What kind of picture? Why annoyed?" she
interrupted me.

130.1 »Ja, es war ein Bild, das den Goethe vorstellte –
wissen Sie,
"Yes, it was a picture that depicted Goethe – you know,

130.2 den Dichter Goethe.
the poet Goethe.

130.3 Er war aber darauf nicht so, wie er wirklich
ausgesehen hat –
But it didn't show him as he really looked –

130.4 das weiß man nämlich überhaupt nicht genau,
we don't know that for sure,

130.5 er ist seit hundert Jahren tot.
he's been dead for a hundred years.

130.6 Sondern irgendein moderner Maler hatte den Goethe
da so zurechtfrisiert, wie er sich ihn vorstellt, und
dieses Bild ärgerte mich und war mir scheußlich
zuwider –
It was some modern painter who had made Goethe look the
way he imagined him, and this picture annoyed me and was
horribly repugnant to me –

130.7 ich weiß nicht, ob Sie das verstehen?«
I don't know if you understand that?"

131.1 »Kann ich sehr gut verstehen, sei ohne Sorge.
Weiter!«
"I can understand that very well, don't worry. Go on!"

132.1 »Schon vorher war ich mit dem Professor uneins;
"I was already at odds with the professor beforehand;

er ist, wie die Professoren fast alle, ein großer Patriot und hat während des Krieges brav mitgeholfen, das Volk anzulügen –

132.2

like almost all professors, he is a great patriot and dutifully helped to lie to the people during the war –

im besten Glauben natürlich. Ich aber bin ein Kriegsgegner.

132.3

in good faith, of course. But I am an opponent of the war.

Na, einerlei. Also weiter.

132.4

Well, never mind. So let's move on.

Ich hätte ja das Bild gar nicht anzusehen brauchen ...«

132.5

I didn't even have to look at the picture ..."

»Hättest du allerdings nicht.«

132.6

"You didn't have to."

»Aber erstens tat es mir wegen Goethe leid, der ist mir nämlich sehr, sehr lieb, und dann war es so, daß ich dachte –

133.1

"But first of all I was sorry about Goethe, because he is very, very dear to me, and then I thought –

– nun, ich dachte oder fühlte etwa so:

133.2

– well, I thought or felt something like this:

133.3 da sitze ich nun bei Leuten, die ich für meinesgleichen ansehe und von denen ich dachte, auch sie werden den Goethe ähnlich wie ich lieben und sich etwa ein ähnliches Bild von ihm machen wie ich, und nun haben sie da dieses geschmacklose, verfälschte, versüßte Bild stehen und finden es herrlich und merken gar nicht, daß der Geist dieses Bildes genau das Gegenteil von Goethes Geist ist.

there I am sitting with people whom I regard as my equals and of whom I thought they too would love Goethe as I do and form a similar picture of him as I do, and now they have this tasteless, falsified, sweetened picture standing there and find it wonderful and don't even realize that the spirit of this picture is exactly the opposite of Goethe's spirit.

133.4 Sie finden das Bild wunderbar,

They think the picture is wonderful,

133.5 und meinetwegen können sie das ja auch –

and as far as I'm concerned they may as well –

133.6 aber für mich ist dann auf einmal alles Vertrauen zu diesen Leuten, alle Freundschaft für sie und alles Gefühl von Verwandtschaft und Zusammengehören aus und vorbei.

but for me, all trust in these people, all friendship for them and all feeling of kinship and belonging together is suddenly over and done with.

133.7 Übrigens war die Freundschaft ohnehin nicht groß.

Incidentally, the friendship wasn't great anyway.

133.8 Also da wurde ich wütend und traurig und sah, daß ich ganz allein war und niemand mich verstand.

So I got angry and sad and saw that I was all alone and that nobody understood me.

Begreifen Sie?« 133.9

Do you understand?"

»Leicht zu begreifen, Harry. Und dann? 134.1

"Easy to understand, Harry. And then what?

Hast du ihnen das Bild an die Köpfe gehauen?« 134.2

Did you knock the picture on their heads?"

»Nein, ich habe geschimpft und bin fortgelaufen, ich 135.1
wollte nach Hause, aber — «

"No, I swore and ran away, I wanted to go home, but — "

»Aber da wäre keine Mama gewesen, um den 136.1
dummen Buben zu trösten oder auszuschelten.

"But there wouldn't have been a mom to comfort or scold
the silly boy.

Nun ja, Harry, du tust mir beinah leid, du bist ein 136.2
Kindskopf ohnegleichen.«

Well, Harry, I almost feel sorry for you, you're a child's
head without equal."

Gewiß, das sah ich ein, wie mir schien. 137.1

Of course, I realized that, it seemed to me.

Sie gab mir ein Glas Wein zu trinken. 137.2

She gave me a glass of wine to drink.

Sie war in der Tat wie eine Mama mit mir. 137.3

She was indeed like a mother to me.

137.4 Zwischenein aber sah ich für Augenblicke, wie schön und jung sie war.

But in between I saw for a moment how beautiful and young she was.

138.1 »Also«, fing sie dann wieder an,

"Well", she began again,

138.2 »also der Goethe ist vor hundert Jahren gestorben, und der Harry hat ihn sehr gern, und er macht sich eine wunderbare Vorstellung von ihm, wie er ausgesehen haben mag, und dazu hat Harry auch das Recht, nicht?

"Goethe died a hundred years ago, and Harry likes him very much, and he has a wonderful idea of what he might have looked like, and Harry has the right to do that, doesn't he?

138.3 Aber der Maler, der auch für den Goethe schwärmt und sich ein Bild von ihm macht, der hat kein Recht dazu, und der Professor auch nicht, und überhaupt niemand, denn das paßt Harry nicht, er verträgt das nicht, er muß dann schimpfen und davonlaufen!

But the painter, who also fancies Goethe and paints a picture of him, has no right to do so, and neither does the professor, nor anyone else, because that doesn't suit Harry, he can't stand it, he has to rant and run away!

138.4 Wenn er klug wäre,

If he was clever,

138.5 so würde er über den Maler und den Professor einfach lachen.

he'd just laugh at the painter and the professor.

138.6 Wenn er verrückt wäre,

If he was mad,

würde er ihnen ihren Goethe ins Gesicht schmeißen.   138.7
he would throw his Goethe in their faces.

Da er aber bloß ein kleiner Bub ist,   138.8
But since he's just a little boy,

läuft er heim und will sich aufhängen — .   138.9
he runs home and wants to hang himself — .

Ich habe deine Geschichte gut verstanden, Harry.   138.10
I understood your story well, Harry.

Es ist eine komische Geschichte. Sie macht mich   138.11
lachen. Halt,
It's a funny story. It makes me laugh. Stop,

trink nicht so rasch! Burgunder trinkt man langsam,   138.12
don't drink so quickly! Burgundy is drunk slowly,

er macht sonst zu heiß.   138.13
otherwise it makes you too hot.

Aber dir muß man alles sagen, kleiner Bub.«   138.14
But you have to be told everything, little boy."

Ihr Blick war streng und ermahnend wie der einer   139.1
sechzigjährigen Gouvernante.
Her gaze was stern and admonishing, like that of a sixty-
year-old governess.

»O ja«, bat ich zufrieden, »sagen Sie mir nur alles.«   140.1
"Oh yes", I asked contentedly, "just tell me everything."

»Was soll ich dir sagen?«   141.1
"What do you want me to tell you?"

142.1 »Alles, was Sie mögen.«
"Anything you like."

143.1 »Gut, ich sage dir etwas.
"All right, I'll tell you something.

143.2 Seit einer Stunde hörst du, daß ich du zu dir sage,
und du sagst immer noch Sie zu mir.
You've been hearing me say you to you for an hour and
you're still saying you to me.

143.3 Immer Lateinisch und Griechisch, immer möglichst
kompliziert!
Always Latin and Greek, always as complicated as possible!

143.4 Wenn ein Mädchen du zu dir sagt und sie dir nicht
zuwider ist,
If a girl says you to you and you don't dislike her,

143.5 dann sagst du auch du zu ihr. So, da hast du etwas
zugelernt.
then you say you to her too. So, you've learned something.

143.6 Und zweitens:
And secondly:

143.7 seit einer halben Stunde weiß ich, daß du Harry
heißt.
I've known for half an hour that your name is Harry.

143.8 Ich weiß es, weil ich dich gefragt habe.
I know because I asked you.

143.9 Du aber willst nicht wissen, wie ich heiße.«
But you don't want to know my name."

»O doch, sehr gern will ich es wissen.« 144.1

"Oh yes, I would love to know."

»Zu spät, Kleiner! Wenn wir uns einmal wiedersehen, 145.1

"Too late, little one! When we meet again,

kannst du wieder fragen. Heut sag ichs nicht 145.2
mehr. So,

you can ask again. I won't tell you today. So,

und jetzt will ich tanzen.« 145.3

and now I want to dance."

Da sie Miene machte aufzustehen, sank plötzlich 146.1
meine Stimmung tief, ich bekam Angst, sie würde
gehen und mich allein lassen, und dann würde alles
wieder, wie es vorher gewesen war.

As she made a gesture of getting up, my mood suddenly
sank low, I became afraid that she would leave and leave
me alone, and then everything would go back to the way it
was before.

Wie ein vorübergehend verschwundener 146.2
Zahnschmerz plötzlich wieder da ist und wie Feuer
brennt,

Just as a toothache that had temporarily disappeared
suddenly returned and burned like fire,

so war in einem Augenblick die Angst und das Grauen 146.3
wieder da.

the fear and horror returned in an instant.

O Gott, hatte ich denn vergessen können, was auf 146.4
mich wartete?

Oh God, had I forgotten what was waiting for me?

146.5 **War denn etwas anders geworden?**
Had anything changed?

147.1 **»Halt«, rief ich flehend, »gehen Sie – geh nicht fort!**
"Stop", I cried pleadingly, "go away – don't go away!

147.2 **Natürlich kannst du tanzen, soviel du willst, aber bleib nicht lange fort, komm wieder, komm wieder!«**
Of course you can dance all you want, but don't stay away for long, come back, come back!"

148.1 **Lachend stand sie auf.**
She stood up laughing.

148.2 **Ich hatte sie mir stehend größer gedacht, sie war schlank, aber nicht groß.**
I had thought she was taller standing up, she was slim but not tall.

148.3 **Wieder erinnerte sie mich an jemand – an wen?**
Again, she reminded me of someone – who?

148.4 **Es war nicht zu finden.**
It was impossible to find.

149.1 **»Du kommst wieder?«**
"You're coming back?"

150.1 **»Ich komme wieder, aber es kann eine Weile dauern, eine halbe Stunde oder auch eine ganze.**
"I'll be back, but it may take a while, half an hour or even a whole hour.

150.2 **Ich will dir was sagen:**
I want to tell you something:

mach die Augen zu und schlafe ein wenig; 150.3

close your eyes and get some sleep;

das ist, was du nötig hast.« 150.4

that's what you need."

Ich machte ihr Platz, und sie ging; 151.1

I made room for her and she left;

ihr Röckchen streifte meine Knie, im Gehen blickte 151.2
sie in einen runden, winzig kleinen Taschenspiegel,
zog die Augenbrauen hoch, wischte mit einem
winzigen Puderquästchen über ihr Kinn und
verschwand im Tanzsaal.

her little skirt brushed my knees, as she walked she
looked into a round, tiny pocket mirror, raised her
eyebrows, wiped her chin with a tiny dusting of powder
and disappeared into the dance hall.

Ich blickte um mich: 151.3

I looked around me:

fremde Gesichter, rauchende Männer, verschüttetes 151.4
Bier auf dem Marmortisch, Geschrei und Gekreische
überall, nebenan die Tanzmusik.

strange faces, men smoking, spilled beer on the marble
table, shouting and screaming everywhere, dance music
playing in the next room.

Ich solle schlafen, hatte sie gesagt. 151.5

She had told me to sleep.

Ach, gutes Kind, du hast eine Ahnung von meinem 151.6
Schlaf, der scheuer ist als ein Wiesel!

Oh, good child, you have an idea of my sleep, which is shyer
than a weasel!

151.7 In diesem Jahrmarkt schlafen, am Tisch sitzend, zwischen den klappernden Bierkrügen.

Sleeping in this fair, sitting at the table, between the rattling beer mugs.

151.8 Ich nippte am Wein, zog eine Zigarre aus der Tasche, sah mich nach Streichhölzern um, aber eigentlich war mir nichts am Rauchen gelegen, ich legte die Zigarre vor mir auf den Tisch.

I sipped my wine, pulled a cigar out of my pocket, looked around for matches, but I didn't really feel like smoking, I put the cigar on the table in front of me.

151.9 »Mach die Augen zu«, hatte sie zu mir gesagt.

"Close your eyes", she had said to me.

151.10 Weiß Gott, woher das Mädchen diese Stimme hatte, diese etwas tiefe, gute Stimme, eine mütterliche Stimme.

God knows where the girl got that voice from, that slightly deep, good voice, a motherly voice.

151.11 Es war gut, dieser Stimme zu gehorchen, ich hatte es erfahren.

It was good to obey this voice, I had experienced it.

151.12 Gehorsam machte ich die Augen zu, lehnte den Kopf an die Wand, hörte hundert heftige Geräusche mich umtosen, lächelte über die Idee, an diesem Ort zu schlafen, beschloß, an die Saaltür zu gehen und einen Blick in den Tanzsaal zu erhaschen –

I obediently closed my eyes, leaned my head against the wall, heard a hundred violent noises roaring around me, smiled at the idea of sleeping in this place, decided to go to the hall door and catch a glimpse of the dance hall –

ich mußte doch mein schönes Mädchen tanzen
sehen – ,

151.13

I had to see my beautiful girl dance after all –

bewegte unterm Stuhl die Füße, fühlte erst jetzt, wie
unendlich müde ich vom stundenlangen Umherirren
war, und blieb sitzen.

151.14

moved my feet under the chair, only now felt how infinitely
tired I was from wandering around for hours, and stayed
seated.

Und da schlief ich schon, dem mütterlichen Befehl
getreu, schlief gierig und dankbar und träumte,
träumte klarer und hübscher, als ich seit langem
geträumt hatte.

151.15

And then I slept, true to my mother's command, slept
greedily and gratefully and dreamed, dreamed more clearly
and beautifully than I had dreamed for a long time.

Mir träumte:

151.16

I dreamed:

Ich saß und wartete in einem altmodischen
Vorzimmer.

152.1

I sat and waited in an old-fashioned anteroom.

Zuerst wußte ich nur, daß ich bei einer Exzellenz
angemeldet sei, dann fiel mir ein, daß es ja Herr von
Goethe sei, von dem ich empfangen werden sollte.

152.2

At first I only knew that I was registered with an Excellency,
then I remembered that it was Mr. von Goethe by whom I
was to be received.

152.3 Leider war ich nicht ganz als Privatmann hier,
sondern als Korrespondent einer Zeitschrift, das
störte mich sehr, und ich konnte nicht begreifen,
welcher Teufel mich in diese Situation hineingeritten
habe.

Unfortunately, I was not here entirely as a private citizen,
but as a correspondent for a magazine, which disturbed me
greatly, and I could not understand what devil had got me
into this situation.

152.4 Außerdem beunruhigte mich ein Skorpion, der
soeben noch sichtbar gewesen war und an meinem
Bein hochzuklettern versucht hatte.

I was also disturbed by a scorpion that had just been visible
and had tried to climb up my leg.

152.5 Ich hatte mich zwar gegen das kleine schwarze
Kriechtier gewehrt und geschüttelt, wußte aber
nicht, wo es jetzt stecke, und wagte nirgends
hinzugreifen.

Although I had struggled against the little black creepy-
crawly and shaken it, I didn't know where it was now and
didn't dare reach anywhere.

153.1 Auch war ich nicht ganz sicher, ob man mich nicht
aus Versehen, statt bei Goethe, bei Matthisson
angemeldet habe, den ich aber im Traum mit Bürger
verwechselte, denn ich schrieb ihm die Gedichte an
Molly zu.

I was also not quite sure whether I had not accidentally
been registered with Matthisson instead of Goethe, whom
I mistook for Bürger in my dream, because I attributed the
poems to Molly to him.

Übrigens wäre mir ein Zusammentreffen mit Molly höchst erwünscht gewesen, ich dachte sie mir wundervoll, weich, musikalisch, abendlich. 153.2

Incidentally, a meeting with Molly would have been highly desirable to me, I thought she was wonderful, soft, musical, evening.

Wäre ich nur nicht im Auftrag jener verwünschten Redaktion dagesessen! 153.3

If only I hadn't been sitting there on behalf of those cursed editors!

Mein Unmut hierüber stieg mehr und mehr und übertrug sich allmählich auch auf Goethe, 153.4

My displeasure at this grew more and more and gradually spread to Goethe,

gegen den ich nun mit einemmal alle möglichen Bedenken und Vorwürfe hatte. 153.5

against whom I now suddenly had all kinds of misgivings and reproaches.

Das konnte eine schöne Audienz geben! 153.6

That could make for a nice audience!

Der Skorpion aber, wenn auch gefährlich und vielleicht in meiner nächsten Nähe versteckt, war doch vielleicht nicht so schlimm; 153.7

But the scorpion, though dangerous and perhaps hidden in my immediate vicinity, was perhaps not so bad;

153.8 er konnte, so schien mir, vielleicht auch
Freundliches bedeuten, es schien mir sehr möglich,
daß er irgend etwas mit Molly zu tun habe, eine Art
Bote von ihr sei oder ihr Wappentier, ein schönes,
gefährliches Wappentier der Weiblichkeit und der
Sünde.

it could, it seemed to me, perhaps also mean something
friendly, it seemed very possible to me that it had
something to do with Molly, was a kind of messenger from
her or her heraldic animal, a beautiful, dangerous heraldic
animal of femininity and sin.

153.9 Konnte das Tier nicht vielleicht Vulpius heißen?
Couldn't the animal perhaps be called Vulpius?

153.10 Aber da riß ein Diener die Tür auf,
But then a servant pulled open the door,

153.11 ich erhob mich und ging hinein.
I got up and went in.

154.1 Da stand der alte Goethe, klein und sehr steif, und
richtig hatte er einen dicken Ordensstern auf seiner
Klassikerbrust.

There stood old Goethe, small and very stiff, and he really
did have a thick medal star on his classicist chest.

154.2 Immer noch schien er zu regieren, immer noch
Audienzen zu empfangen, immer noch die Welt von
seinem Weimarer Museum aus zu kontrollieren.

He still seemed to be ruling, still receiving audiences, still
controlling the world from his Weimar museum.

154.3 Denn kaum hatte er mich erblickt,
For as soon as he caught sight of me,

so nickte er ruckend mit dem Kopf wie ein alter Rabe
und sprach feierlich:

154.4

he nodded his head like an old raven and said solemnly:

»Nun, – ihr jungen Leute, ihr seid ja wohl mit uns und
unseren Bemühungen recht wenig einverstanden?«

154.5

"Well, you young people, I suppose you don't really agree
with us and our efforts?"

»Ganz richtig«, sagte ich, von seinem Ministerblick
durchkältet.

155.1

"Quite right", I said, chilled by his ministerial look.

»Wir jungen Leute sind in der Tat nicht mit Ihnen
einverstanden,

155.2

"We young people do not agree with you,

alter Herr.

155.3

old sir.

Sie sind uns zu feierlich, Exzellenz, und zu eitel und
wichtigtuerisch und zu wenig aufrichtig.

155.4

You are too solemn for us, Your Excellency, and too vain
and pompous and not sincere enough.

Dies dürfte das Wesentliche sein: zu wenig
aufrichtig.«

155.5

That may be the essential thing: not sincere enough."

156.1 Der kleine alte Mann bewegte den strengen Kopf
etwas nach vorn, und indem sein harter, amtlich
gefalteter Mund sich in einem kleinen Lächeln
entspannte und entzückend lebendig wurde, schlug
mir plötzlich das Herz, denn es fiel mir auf einmal das
Gedicht ein

The little old man moved his stern head a little forward,
and as his hard, officially folded mouth relaxed in a little
smile and became delightfully alive, my heart suddenly
beat faster, for I suddenly remembered the poem

156.2 »Dämmrung senkte sich von oben«, und daß dieser
Mann und dieser Mund es sei, aus dem die Worte
jenes Gedichtes gekommen waren.

"Twilight descended from above", and that it was this man
and this mouth from which the words of that poem had
come.

156.3 Eigentlich war ich in diesem Augenblick schon
vollkommen entwaffnet und übermannt und wäre
am liebsten vor ihn hingekniet.

Actually, I was completely disarmed and overwhelmed at
that moment and would have loved to kneel down in front
of him.

156.4 Aber ich hielt mich stramm und hörte aus seinem
lächelnden Munde die Worte:

But I stood my ground and heard the words from his
smiling mouth:

156.5 »Ei, also der Unaufrichtigkeit zeihen Sie mich?

"Oh, so you accuse me of insincerity?

156.6 Was das für Worte sind! Wollen Sie sich nicht näher
erklären?«

What kind of words are those! Won't you explain
yourself?"

Gerne wollte ich das, sehr gerne. 157.1

I would like that, very much.

»Sie haben, Herr von Goethe, gleich allen großen 158.1
Geistern die Fragwürdigkeit, die Hoffnungslosigkeit
des Menschenlebens deutlich erkannt und gefühlt:

"You, Mr. von Goethe, like all great minds, have clearly
recognized and felt the dubiousness, the hopelessness of
human life:

die Herrlichkeit des Augenblicks und sein elendes 158.2
Verwelken, die Unmöglichkeit, eine schöne Höhe des
Gefühls anders zu bezahlen als durch die Kerkerhaft
des Alltags, die brennende Sehnsucht nach dem
Reich des Geistes, die mit der ebenso brennenden
und ebenso heiligen Liebe zur verlornen Unschuld
der Natur in ewigem tödlichem Kampfe liegt,
dies ganze furchtbare Schweben im Leeren und
Ungewissen, dies Verurteiltsein zum Vergänglichen,
niemals Vollgültigen, ewig Versuchhaften und
Dilettantischen –

the glory of the moment and its miserable withering, the
impossibility of paying for a beautiful height of feeling in
any other way than through the imprisonment of everyday
life, the burning longing for the realm of the spirit, which
lies in eternal mortal combat with the equally burning and
equally holy love for the lost innocence of nature, all this
terrible hovering in emptiness and uncertainty, this being
condemned to the transient, never fully valid, eternally
experimental and dilettantish –

kurz, die ganze Aussichtslosigkeit, Verstiegenheit 158.3
und brennende Verzweiflung des Menschseins.

in short, the whole hopelessness, stupor and burning
despair of being human.

158.4 Dies alles haben Sie gekannt, sich je und je auch dazu bekannt, und dennoch haben Sie mit Ihrem ganzen Leben das Gegenteil gepredigt, haben Glauben und Optimismus geäußert, haben sich und andern eine Dauer und einen Sinn unsrer geistigen Anstrengungen vorgespielt.

You have known all this, you have always confessed to it, and yet you have preached the opposite with your whole life, you have expressed faith and optimism, you have pretended to yourself and others that our spiritual efforts have a duration and a meaning.

158.5 Sie haben die Bekenner der Tiefe, die Stimmen der verzweifelten Wahrheit abgelehnt und unterdrückt, in sich selbst ebenso wie in Kleist und Beethoven.

You have rejected and suppressed the confessors of depth, the voices of desperate truth, in yourself as well as in Kleist and Beethoven.

158.6 Sie haben jahrzehntelang so getan, als sei das Anhäufen von Wissen, von Sammlungen, das Schreiben und Sammeln von Briefen, als sei Ihre ganze Weimarer Altersexistenz in der Tat ein Weg, um den Augenblick zu verewigen, den Sie doch nur mumifizieren konnten, um die Natur zu vergeistigen, die Sie doch nur zur Maske stilisieren konnten.

For decades you pretended that the accumulation of knowledge, of collections, the writing and collecting of letters, as if your entire Weimar existence in old age was in fact a way to immortalize the moment, which you could only mummify, to spiritualize nature, which you could only stylize into a mask.

158.7 Das ist die Unaufrichtigkeit, die wir Ihnen vorwerfen.«

That is the insincerity we accuse you of."

Nachdenklich blickte der alte Geheimrat mir in die Augen,

159.1

The old privy councillor looked me in the eye thoughtfully,

sein Mund lächelte noch immer.

159.2

his mouth still smiling.

Dann fragte er zu meiner Verwunderung:

160.1

Then, to my astonishment, he asked:

»Die Zauberflöte von Mozart muß Ihnen dann wohl recht sehr zuwider sein?«

160.2

"So you must really dislike Mozart's Magic Flute?"

Und noch ehe ich protestieren konnte, fuhr er fort:

161.1

And before I could protest, he continued:

»Die Zauberflöte stellt das Leben als einen köstlichen Gesang dar, sie preist unsere Gefühle, die doch vergänglich sind, wie etwas Ewiges und Göttliches, sie stimmt weder dem Herrn von Kleist noch dem Herrn Beethoven zu, sondern predigt Optimismus und Glauben.«

161.2

"The Magic Flute presents life as a delicious song, it praises our feelings, which are transient, as something eternal and divine, it agrees neither with Mr. von Kleist nor Mr. Beethoven, but preaches optimism and faith."

»Ich weiß, ich weiß!« rief ich wütend.

162.1

"I know, I know!" I shouted angrily.

»Weiß Gott, wie Sie gerade auf die Zauberflöte verfallen sind, die mir das Liebste auf der Welt ist!

162.2

"God knows how you just fell for the Magic Flute, which is my favorite thing in the world!

162.3 **Aber Mozart ist nicht zweiundachtzig Jahre alt geworden und hat nicht in seinem persönlichen Leben diese Ansprüche an Dauer, an Ordnung, an steife Würde gestellt wie Sie!**

But Mozart didn't live to be eighty-two years old and didn't make the same demands in his personal life in terms of duration, order and stiff dignity as you did!

162.4 **Er hat sich nicht so wichtig gemacht!**

He did not make himself so important!

162.5 **Er hat seine göttlichen Melodien gesungen und ist arm gewesen und ist früh gestorben, arm, verkannt — «**

He sang his divine melodies and was poor and died early, poor, unrecognized — "

163.1 **Der Atem ging mir aus.**

My breath ran out.

163.2 **Tausend Dinge hätten jetzt in zehn Worten gesagt werden müssen,**

A thousand things should have been said in ten words,

163.3 **ich begann an der Stirn zu schwitzen.**

my forehead began to sweat.

164.1 **Goethe aber sagte sehr freundlich:**

But Goethe said very kindly:

164.2 **»Daß ich zweiundachtzig Jahre alt geworden bin, mag immerhin unverzeihlich sein.**

"The fact that I have reached the age of eighty-two may be unforgivable.

Mein Vergnügen daran war indessen geringer, als Sie denken mögen.

164.3

My pleasure in it, however, was less than you might think.

Sie haben recht:

164.4

You are right:

ein großes Verlangen nach Dauer hat mich stets erfüllt, ich habe stets den Tod gefürchtet und bekämpft.

164.5

a great desire for permanence has always filled me; I have always feared and fought against death.

Ich glaube, der Kampf gegen den Tod, das unbedingte und eigensinnige Lebenwollen ist der Antrieb, aus welchem alle hervorragenden Menschen gehandelt und gelebt haben.

164.6

I believe that the fight against death, the unconditional and stubborn will to live, is the driving force behind the actions and lives of all outstanding people.

Daß man am Ende dennoch sterben muß, dies hingegen, mein junger Freund, habe ich mit zweiundachtzig Jahren ebenso bündig bewiesen, wie wenn ich als Schulknabe gestorben wäre.

164.7

That one must die in the end, however, my young friend, I have proved at the age of eighty-two, just as clearly as if I had died as a schoolboy.

Wenn es zu meiner Rechtfertigung dienen kann,

164.8

If it can serve to justify me,

möchte ich dies noch sagen:

164.9

I would like to say this:

164.10 in meiner Natur ist viel Kindliches gewesen, viel Neugierde und Spieltrieb, viel Lust zum Zeitvergeuden.

there was a lot of childishness in my nature, a lot of curiosity and playfulness, a lot of desire to waste time.

164.11 Nun, und da habe ich eben etwas lange gebraucht, bis ich einsah, es müsse des Spielens einmal genug sein.«

Well, it took me a long time to realize that I had to stop playing for once."

165.1 Während er dies sagte, lächelte er ganz durchtrieben, geradezu schlingelhaft.

As he said this, he smiled slyly, almost rascally.

165.2 Seine Gestalt war größer geworden,

His figure had grown taller,

165.3 die steife Haltung und die krampfhafte Würde im Gesicht war verschwunden.

the stiff posture and the convulsive dignity in his face had disappeared.

165.4 Und die Luft um uns her war jetzt ganz voll von lauter Melodien, lauter Goetheliedern, ich hörte Mozarts »Veilchen«, und Schuberts »Füllest wieder Busch und Tal«, deutlich heraus.

And the air around us was now full of melodies, Goethe songs, I could clearly hear Mozart's "Veilchen" and Schubert's "Füllest wieder Busch und Tal".

Und Goethes Gesicht war jetzt rosig und jung und
lachte und glich bald dem Mozart, bald dem Schubert
wie ein Bruder, und der Stern auf seiner Brust
bestand aus lauter Wiesenblumen, eine gelbe Primel
blühte froh und feist aus seiner Mitte hervor.

165.5

And Goethe's face was now rosy and young and smiling
and resembled Mozart's, then Schubert's, like a brother,
and the star on his chest was made up of meadow flowers, a
yellow primrose blossomed cheerfully and boldly from his
midst.

Es paßte mir nicht ganz, daß der alte Mann
sich meinen Fragen und Anklagen auf eine so
scherzhafte Art entziehen wollte, und ich blickte
ihn vorwurfsvoll an.

166.1

It didn't quite suit me that the old man wanted to evade
my questions and accusations in such a joking way, and I
looked at him reproachfully.

Da neigte er sich vor und brachte seinen Mund, den
schon ganz kindlich gewordenen Mund, dicht an
mein Ohr und flüsterte leise in mein Ohr hinein:

166.2

Then he leaned forward and brought his mouth, which
had already become quite childlike, close to my ear and
whispered softly into it:

»Mein Junge, du nimmst den alten Goethe viel zu
ernst.

166.3

"My boy, you take old Goethe far too seriously.

Alte Leute, die schon gestorben sind, muß man nicht
ernst nehmen, man tut ihnen sonst unrecht.

166.4

You don't have to take old people who have already died
seriously, otherwise you do them an injustice.

Wir Unsterblichen lieben das Ernstnehmen nicht,

166.5

We immortals don't like to be taken seriously,

224

166.6 **wir lieben den Spaß.**
we like to have fun.

166.7 **Der Ernst, mein Junge, ist eine Angelegenheit der Zeit;**
Seriousness, my boy, is a matter of time;

166.8 **er entsteht, soviel will ich dir verraten, aus einer Überschätzung der Zeit.**
it arises, I will tell you this much, from an overestimation of time.

166.9 **Auch ich habe den Wert der Zeit einst überschätzt, darum wollte ich hundert Jahre alt werden.**
I, too, once overestimated the value of time, which is why I wanted to live to be a hundred years old.

166.10 **In der Ewigkeit aber, siehst du, gibt es keine Zeit;**
But in eternity, you see, there is no time;

166.11 **die Ewigkeit ist bloß ein Augenblick,**
eternity is just a moment,

166.12 **gerade lange genug für einen Spaß.«**
just long enough for fun."

167.1 **In der Tat war kein ernstes Wort mehr mit dem Mann zu reden, er tänzelte vergnügt und gelenkig auf und nieder und ließ die Primel aus seinem Stern bald wie eine Rakete herausschießen, bald klein werden und verschwinden.**
In fact, there was no longer a serious word to be said to the man, he danced up and down with glee and agility, making the primrose shoot out of his star like a rocket, then shrink and disappear.

Während er mit seinen Tanzschritten und Figuren glänzte, mußte ich denken, daß dieser Mann es wenigstens nicht versäumt habe, tanzen zu lernen.

As he shone with his dance steps and figures, I couldn't help thinking that this man had at least not neglected to learn to dance.

Er konnte es wundervoll.

He could do it beautifully.

Da fiel der Skorpion mir wieder ein, oder vielmehr Molly, und ich rief Goethe zu:

Then I remembered the scorpion, or rather Molly, and I called out to Goethe:

»Sagen Sie, ist Molly nicht da?«

"Tell me, isn't Molly here?"

Goethe lachte laut.

Goethe laughed out loud.

Er ging zu seinem Tisch, schloß ein Schubfach auf, nahm eine kostbare lederne oder samtene Dose heraus, öffnete sie und hielt sie mir unter die Augen.

He went to his table, opened a drawer, took out a precious leather or velvet box, opened it and held it under my eyes.

Da lag klein, tadellos und schimmernd ein winziges Frauenbein auf dem dunklen Samt, ein entzückendes Bein, im Knie ein wenig gebogen, der Fuß nach unten gestreckt, in die zierlichsten Zehen spitz auslaufend.

There, small, immaculate and shimmering, lay a tiny woman's leg on the dark velvet, a delightful leg, slightly bent at the knee, the foot stretched downwards, tapering into the daintiest toes.

169.1 **Ich streckte die Hand aus und wollte das kleine Bein an mich nehmen, das mich ganz verliebt machte, aber sowie ich mit zwei Fingern zugreifen wollte, schien das Spielzeug sich mit einem winzigen Zuck zu bewegen, und es kam mir plötzlich der Verdacht, dies könne der Skorpion sein.**

I stretched out my hand and wanted to take the little leg that made me so enamored, but as soon as I tried to grasp it with two fingers, the toy seemed to move with a tiny twitch, and I suddenly suspected that it might be the scorpion.

169.2 **Goethe schien das zu begreifen, schien sogar gerade dies gewollt und bezweckt zu haben, diese tiefe Verlegenheit, diesen zuckenden Zwiespalt von Begehren und Angst.**

Goethe seemed to understand this, even seemed to have wanted and intended precisely this, this deep embarrassment, this twitching dichotomy of desire and fear.

169.3 **Er hielt mir das reizende Skorpiönchen ganz nahe vors Gesicht, sah mich danach verlangen, sah mich davor zurückschaudern, und dies schien ihm ein großes Vergnügen zu machen.**

He held the lovely little scorpion very close to my face, saw me long for it, saw me shudder back from it, and this seemed to give him great pleasure.

Während er mich mit dem holden gefährlichen Ding   169.4
neckte, war er wieder ganz alt geworden, uralt,
tausend Jahre alt, mit schneeweißem Haar, und
sein welkes Greisengesicht lachte still und lautlos,
lachte heftig in sich hinein mit einem abgründigen
Greisenhumor.

While he was teasing me with the beautiful, dangerous
thing, he had become very old again, very old, a thousand
years old, with snow-white hair, and his withered old
man's face laughed silently and silently, laughed violently
into himself with an abysmal old man's humor.

Als ich erwachte, hatte ich den Traum vergessen, erst   170.1
später fiel er mir wieder ein.

When I woke up, I had forgotten the dream and only
remembered it later.

Ich hatte wohl gegen eine Stunde geschlafen, mitten   170.2
in Musik und Getriebe, am Wirtstisch, nie hätte ich
das für möglich gehalten.

I had probably slept for about an hour, in the middle of
music and bustle, at the innkeeper's table, I would never
have thought that possible.

Das liebe Mädchen stand vor mir,   170.3

The lovely girl was standing in front of me,

eine Hand auf meiner Schulter.   170.4

a hand on my shoulder.

»Gib mir zwei oder drei Mark«, sagte sie,   171.1

"Give me two or three marks", she said,

»ich habe drüben etwas verzehrt.«   171.2

"I've eaten something over there."

171.3 **Ich gab ihr meinen Geldbeutel,**
I gave her my wallet,

171.4 **sie ging damit und kam bald wieder.**
she left with it and soon came back.

172.1 **»So, jetzt kann ich noch ein kleines Weilchen bei dir sitzen, dann muß ich gehen, ich habe eine Verabredung.«**
"Well, now I can sit with you for a little while longer, then I have to go, I have an appointment."

173.1 **Ich erschrak. »Mit wem denn?« fragte ich schnell.**
I was startled. "With whom?" I asked quickly.

174.1 **»Mit einem Herrn, kleiner Harry.**
"With a gentleman, little Harry.

174.2 **Er hat mich in die Odeon-Bar eingeladen.«**
He invited me to the Odeon Bar."

175.1 **»O, ich dachte, du würdest mich nicht allein lassen.«**
"Oh, I thought you wouldn't leave me alone."

176.1 **»Dann hättest eben du mich einladen müssen.**
"Then you should have invited me.

176.2 **Es ist dir einer zuvorgekommen. Nun,**
Someone beat you to it. Well,

176.3 **du sparst hübsch Geld dabei. Kennst du das Odeon?**
you're saving money. Do you know the Odeon?

176.4 **Nach Mitternacht nur Champagner.**
Only champagne after midnight.

Klubsessel, Negerkapelle, sehr fein.« 176.5
Club chairs, Negro band, very nice."

Dies alles hatte ich nicht bedacht. 177.1
I hadn't considered all this.

»Ach«, sagte ich bittend, »laß dich doch von mir 178.1
einladen!
"Oh", I said pleadingly, "why don't you let me invite you!

Ich hielt das für selbstverständlich, 178.2
I took it for granted,

wir sind doch Freunde geworden. 178.3
we've become friends.

Laß dich einladen, wohin du willst, ich bitte dich.« 178.4
Let me invite you wherever you want, I beg you."

»Das ist nett von dir. 179.1
"That's nice of you.

Aber schau, ein Wort ist ein Wort, ich habe 179.2
angenommen, und ich werde hingehen.
But look, a word is a word, I've accepted and I'll go.

Gib dir keine Mühe mehr! 179.3
Don't bother anymore!

Komm, nimm noch einen Schluck, wir haben ja noch 179.4
Wein in der Flasche.
Come on, have another sip, we still have some wine in the
bottle.

179.5 **Den trinkst du aus und gehst dann hübsch nach Hause und schläfst.**
Finish it and then go home and sleep.

179.6 **Versprich mir's.«**
Promise me."

180.1 **»Nein, du, nach Hause kann ich nicht gehen.«**
"No, you, I can't go home."

181.1 **»Ach du, mit deinen Geschichten!**
"Oh you, with your stories!

181.2 **Bist du noch immer nicht mit dem Goethe fertig?**
Are you still not finished with Goethe?

181.3 **(In diesem Augenblick fiel mir der Goethetraum wieder ein.)**
(At that moment I remembered the Goethe dream.)

181.4 **Aber wenn du wirklich nicht heimgehen kannst, dann bleib hier im Haus, es sind Fremdenzimmer da.**
But if you really can't go home, then stay here in the house, there are guest rooms.

181.5 **Soll ich dir eins besorgen?«**
Shall I get you one?"

182.1 **Ich war damit zufrieden und fragte, wo ich sie wiedersehen könne.**
I was satisfied and asked where I could see her again.

182.2 **Wo sie denn wohne? Das sagte sie mir nicht.**
Where did she live? She didn't tell me.

Ich solle nur ein wenig suchen, dann fände ich sie schon.   182.3

I should just search a little and I'd find her.

»Darf ich dich nicht einladen?«   183.1

"Can't I invite you?"

»Wohin?«   184.1

"Where to?"

»Wohin du magst, und wann du magst.«   185.1

"Wherever you like, whenever you like."

»Gut. Am Dienstag zum Abendessen im Alten Franziskaner,   186.1

"Good. On Tuesday for dinner at the Alter Franziskaner,

im ersten Stock. Auf Wiedersehen!«   186.2

on the second floor. Goodbye!"

Sie gab mir die Hand, und erst jetzt fiel diese Hand mir auf, eine Hand, die ganz zu ihrer Stimme paßte, schön und voll, klug und gütig.   187.1

She shook my hand, and only now did I notice this hand, a hand that completely matched her voice, beautiful and full, clever and kind.

Sie lachte spöttisch, als ich ihr die Hand küßte.   187.2

She laughed mockingly when I kissed her hand.

Und im letzten Augenblick wandte sie sich nochmals zu mir um und sagte: 188.1

And at the last moment she turned to me again and said:

188.2 »Ich will dir noch etwas sagen, wegen des Goethe.

"I want to tell you something else about Goethe.

188.3 Schau, so, wie es dir mit dem Goethe gegangen ist, daß du das Bild von ihm nicht vertragen konntest, so geht es mir manchmal mit den Heiligen.«

Look, just as it happened to you with Goethe, that you couldn't bear the picture of him, so it sometimes happens to me with the saints."

189.1 »Den Heiligen? Bist du so fromm?«

"The saint? Are you that pious?"

190.1 »Nein, ich bin nicht fromm, leider, aber ich bin es einmal gewesen und werde es einmal wieder sein.

"No, I'm not pious, unfortunately, but I was once and will be again.

190.2 Man hat ja keine Zeit zum Frommsein.«

There's no time to be pious."

191.1 »Keine Zeit? Braucht man denn Zeit dazu?«

"No time? Do you need time for that?"

192.1 »O ja. Zum Frommsein braucht man Zeit,

"Oh yes. To be pious you need time,

192.2 man braucht sogar noch mehr: Unabhängigkeit von der Zeit!

you need even more: independence from time!

Du kannst nicht ernstlich fromm sein und zugleich
in der Wirklichkeit leben und sie auch noch ernst
nehmen:

192.3

You can't be seriously pious and at the same time live in
reality and take it seriously:

die Zeit, das Geld, die Odeon-Bar und all das.«

192.4

time, money, the Odeon bar and all that."

»Ich verstehe. Aber wie ist das mit den Heiligen?«

193.1

"I understand. But what about the saints?"

»Ja, da gibt es manche Heilige, die habe ich besonders
gern:

194.1

"Yes, there are some saints that I am particularly fond of:

den Stefan, den heiligen Franz und andere.

194.2

St. Stephen, St. Francis and others.

Von ihnen sehe ich nun manchmal Bilder und auch
vom Heiland und der Muttergottes, solche verlogene,
verfälschte, verdummte Bilder, und die kann ich
gerade so wenig ausstehen wie du jenes Goethebild.

194.3

I sometimes see pictures of them and also of the Savior
and the Mother of God, such mendacious, falsified, stupid
pictures, and I can't stand them any more than you can that
picture of Goethe.

Wenn ich so einen süßen dummen Heiland oder
heiligen Franz sehe und sehe, wie andere diese Bilder
schön und erbaulich finden, dann spüre ich es wie
eine Beleidigung des richtigen Heilands und denke:

194.4

When I see such a sweet, stupid Savior or St. Francis and
see how others find these pictures beautiful and edifying,
then I feel it like an insult to the real Savior and think:

194.5 **ach, wozu hat er gelebt und so furchtbar gelitten, wenn den Leuten schon so ein dummes Bild von ihm genügt!**

oh, why did he live and suffer so terribly if such a stupid picture of him is enough for people!

194.6 **Aber ich weiß trotzdem, daß auch mein Heiland - oder Franzbild bloß ein Menschenbild ist und an das Urbild nicht hinreicht, daß dem Heiland selbst mein inneres Heilandbild gerade so dumm und unzulänglich vorkommen würde wie mir jene süßlichen Nachbilder.**

But I still know that even my image of the Savior or Francis is only a human image and does not come close to the original image, that the Savior himself would find my inner image of the Savior just as stupid and inadequate as those sweet afterimages do to me.

194.7 **Ich sage dir das nicht, um dir in deiner Verstimmung und Wut gegen das Goethebild recht zu geben, nein, du bist da im Unrecht.**

I am not telling you this to prove you right in your resentment and anger against the image of Goethe, no, you are wrong.

194.8 **Ich sage es bloß, um dir zu zeigen, daß ich dich verstehen kann.**

I am only saying it to show you that I can understand you.

194.9 **Ihr Gelehrte und Künstler habt ja allerlei aparte Sachen in euren Köpfen, aber ihr seid Menschen wie andre, und auch wir andern haben unsre Träume und Spiele im Kopf.**

You scholars and artists have all sorts of fancy things in your heads, but you are human beings like others, and the rest of us also have our dreams and games in our heads.

235

Ich habe nämlich gemerkt, gelehrter Herr, daß du 194.10
ein bißchen in Verlegenheit kamst, wie du mir deine
Goethegeschichte erzählen solltest –

For I noticed, learned sir, that you were a little
embarrassed as to how you should tell me your Goethe
story –

du mußtest dich anstrengen, um deine idealen 194.11
Sachen so einem einfachen Mädchen verständlich
zu machen.

you had to make an effort to make your ideal things
comprehensible to such a simple girl.

Nun, und da möchte ich dir doch zeigen, daß du dich 194.12
nicht so anzustrengen brauchst.

Well, I would like to show you that you needn't make such
an effort.

Ich verstehe dich schon. So, und jetzt Schluß! 194.13

I already understand you. So, and now shut up!

Du gehörst ins Bett.« 194.14

You belong in bed."

Sie ging, und mich führte ein greiser Hausdiener 195.1
zwei Treppen hinauf, vielmehr, erst fragte er nach
meinem Gepäck, und als er hörte, es sei keines da,
mußte ich das, was er

She left, and an elderly servant led me up two flights of
stairs, or rather, he first asked for my luggage, and when he
heard that there was none, I had to pay what he called

»Schlafgeld« nannte, vorausbezahlen. 195.2

"sleeping money" in advance.

195.3 Dann brachte er mich, durch ein altes finstres Treppenhaus, in eine Kammer hinauf und ließ mich allein.

Then he took me up an old, gloomy staircase to a chamber and left me alone.

195.4 Da stand ein dürres Holzbett, sehr kurz und hart, und an der Wand hing ein Säbel und ein farbiges Bildnis von Garibaldi, auch ein verwelkter Kranz von einer Vereinsfeier.

There was a scrawny wooden bed, very short and hard, and on the wall hung a sabre and a colorful portrait of Garibaldi, as well as a wilted wreath from a club party.

195.5 Für ein Nachthemd hätte ich viel gegeben.

I would have given a lot for a nightgown.

195.6 Wenigstens war Wasser und ein kleines Handtuch da, ich konnte mich waschen, dann legte ich mich in den Kleidern aufs Bett, ließ das Licht brennen und hatte Zeit zum Nachdenken.

At least there was water and a small towel so I could wash myself, then I lay down on the bed in my clothes, left the light on and had time to think.

195.7 Also mit Goethe war ich jetzt in Ordnung.

So I was all right with Goethe now.

195.8 Herrlich, daß er im Traum zu mir gekommen war!

It was wonderful that he had come to me in a dream!

195.9 Und dieses wunderbare Mädchen –

And this wonderful girl –

195.10 wenn ich doch ihren Namen gewußt hätte!

if only I had known her name!

Plötzlich ein Mensch, ein lebendiger Mensch, der die
trübe Glasglocke meiner Abgestorbenheit zerschlug
und mir die Hand hereinstreckte, eine gute, schöne,
warme Hand!

Suddenly a person, a living person, who shattered the
cloudy glass bell of my deadness and held out her hand to
me, a good, beautiful, warm hand!

Plötzlich wieder Dinge, die mich etwas angingen, an
die ich mit Freude, mit Sorge, mit Spannung denken
konnte!

Suddenly things that concerned me again, that I could
think about with joy, with worry, with excitement!

Plötzlich eine Türe offen, durch die das Leben zu mir
hereinkam!

Suddenly a door was open through which life came to me!

Ich konnte vielleicht wieder leben,

Perhaps I could live again,

ich konnte vielleicht wieder ein Mensch werden.

perhaps I could become a human being again.

Meine Seele, in der Kälte eingeschlafen und nahezu
erfroren, atmete wieder, schlug schläfrig mit kleinen
schwachen Flügeln.

My soul, which had fallen asleep in the cold and was almost
frozen to death, was breathing again, beating sleepily with
small, weak wings.

Goethe war bei mir gewesen.

Goethe had been with me.

195.18 **Ein Mädchen hatte mich essen, trinken, schlafen geheißen, hatte mir Freundliches erwiesen, hatte mich ausgelacht, hatte mich einen dummen kleinen Jungen genannt.**

A girl had made me eat, drink and sleep, had shown me kindness, had laughed at me, had called me a stupid little boy.

195.19 **Und sie hatte mir auch, die wunderbare Freundin, von den Heiligen erzählt und mir gezeigt, daß ich sogar in meinen wunderlichsten Verstiegenheiten gar nicht allein und unverstanden und eine krankhafte Ausnahme sei, daß ich Geschwister habe, daß man mich verstehe.**

And she, the wonderful friend, had also told me about the saints and shown me that I was not at all alone and misunderstood and a morbid exception even in my most strange confusions, that I had brothers and sisters, that people understood me.

195.20 **Ob ich sie wiedersehen würde? Ja, gewiß, sie war zuverlässig.**

Would I see her again? Yes, of course, she was reliable.

195.21 **»Ein Wort ist ein Wort.«**

"A word is a word."

195.22 **Und schon schlief ich wieder, schlief vier, fünf Stunden.**

And I was asleep again, slept for four or five hours.

Es war zehn Uhr vorüber, als ich aufwachte, in
zerknitterten Kleidern, zerschlagen, müde, die
Erinnerung an irgend etwas Gräßliches von gestern
im Kopf, aber lebendig, hoffnungsvoll, voll guter
Gedanken.

195.23

It was ten o'clock when I woke up, in rumpled clothes,
battered, tired, the memory of something horrible from
yesterday in my head, but alive, hopeful, full of good
thoughts.

Bei der Heimkehr in meine Wohnung empfand ich
nichts mehr von den Schrecken,

195.24

When I returned home to my apartment,

die diese Heimkehr gestern für mich gehabt hatte.

195.25

I no longer felt any of the horror that this homecoming had
caused me yesterday.

Auf der Treppe, oberhalb der Araukarie, traf ich mit
der »Tante« zusammen, meiner Vermieterin, die ich
selten zu Gesicht bekam, deren freundliches Wesen
mir aber sehr gefiel.

196.1

On the stairs, above the araucaria, I met the "aunt", my
landlady, whom I rarely got to see, but whose friendly
nature I liked very much.

Die Begegnung war mir nicht angenehm, ich war
immerhin etwas verwahrlost und übernächtig, nicht
gekämmt und nicht rasiert.

196.2

The encounter was not a pleasant one for me, as I was a bit
bedraggled and overdressed, not combed and not shaved.

Ich grüßte und wollte vorübergehen.

196.3

I greeted her and wanted to pass.

196.4 Sonst respektierte sie mein Verlangen nach
Alleinbleiben und Nichtbeachtetwerden stets, heut
aber schien in der Tat zwischen mir und der Umwelt
ein Schleier zerrissen, eine Schranke gefallen zu
sein –

Usually she always respected my desire to stay alone and
not be noticed, but today a veil seemed to have been torn
between me and my surroundings, a barrier had fallen –

196.5 sie lachte und blieb stehen.

she laughed and stopped.

197.1 »Sie haben gebummelt, Herr Haller, Sie waren ja
heut nacht gar nicht im Bett.

"You've been loafing, Mr. Haller, you weren't even in bed
last night.

197.2 Sie werden schön müde sein!«

You'll be nice and tired!"

198.1 »Ja«, sagte ich und mußte auch lachen,

"Yes", I said and had to laugh,

198.2 »es ging heut nacht etwas lebhaft zu, und weil ich den
Stil Ihres Hauses nicht stören wollte, schlief ich in
einem Hotel.

"it was a bit lively tonight, and because I didn't want to
disturb the style of your house, I slept in a hotel.

198.3 Mein Respekt vor der Ruhe und Achtbarkeit Ihres
Hauses ist groß,

I have great respect for the peace and respectability of your
house,

manchmal komme ich mir darin sehr wie ein
Fremdkörper vor.«

198.4

sometimes I feel like a foreign body in it."

»Spotten Sie nicht, Herr Haller!«

199.1

"Don't mock me, Mr. Haller!"

»O, ich spotte bloß über mich selber.«

200.1

"Oh, I'm just mocking myself."

»Eben das sollten Sie nicht tun.

201.1

"That's exactly what you shouldn't do.

Sie sollen sich in meinem Haus nicht als
›Fremdkörper‹ fühlen.

201.2

You shouldn't feel like a 'foreign body' in my house.

Sie sollen leben, wie es Ihnen gefällt, und treiben,
was Sie mögen.

201.3

You should live as you please and do what you like.

Ich habe schon manche sehr, sehr achtbare Mieter
gehabt, Juwelen an Achtbarkeit, aber keiner war
ruhiger und hat uns weniger gestört als Sie.

201.4

I've had some very, very respectable tenants, jewels of
respectability, but none of them were quieter and disturbed
us less than you.

Und jetzt – wollen Sie einen Tee haben?«

201.5

And now – would you like some tea?"

Ich widerstand nicht.

202.1

I did not resist.

202.2 In ihrem Salon mit den schönen Großväterbildern und Großvätermöbeln bekam ich Tee vorgesetzt, und wir schwatzten ein wenig, die freundliche Frau erfuhr, ohne eigentlich zu fragen, dies und jenes aus meinem Leben und meinen Gedanken und hörte zu mit der Mischung von Achtung und mütterlichem Nicht-ganz-ernst-Nehmen, welche kluge Frauen für die Verschrobenheiten der Männer haben.

In her drawing room with its beautiful grandfather pictures and grandfather furniture, I was served tea and we chatted a little, the friendly woman told me this and that about my life and my thoughts without actually asking and listened with the mixture of respect and motherly non-seriousness that clever women have for the eccentricities of men.

202.3 Es war auch von ihrem Neffen die Rede, und sie zeigte mir in einem Nebenzimmer dessen neueste Feierabendarbeit, einen Radioapparat.

There was also talk of her nephew, and she showed me his latest after-work project, a radio set, in an adjoining room.

202.4 Da saß der fleißige junge Mensch an seinen Abenden und stocherte eine solche Maschine zusammen, hingerissen von der Idee der Drahtlosigkeit, anbetend auf frommen Knien vor dem Gott der Technik, welcher es fertiggebracht hat, nach Jahrtausenden Dinge zu entdecken und höchst unvollkommen darzustellen, welche jeder Denker schon immer gewußt und klüger benutzt hat.

The industrious young man sat there in his evenings and poked such a machine together, entranced by the idea of wirelessness, worshipping on his knees before the god of technology, who after thousands of years has managed to discover things that every thinker has always known and used wisely.

Wir sprachen darüber, denn die Tante neigt ein klein   202.5
wenig zur Frömmigkeit, und religiöse Gespräche sind
ihr nicht unlieb.

We talked about it, because my aunt tends to be a little
pious, and she doesn't dislike religious conversations.

Ich sagte ihr, die Allgegenwart aller Kräfte und Taten   202.6
sei den alten Indern sehr wohl bekannt gewesen
und die Technik habe lediglich ein kleines Stück
dieser Tatsache dadurch ins allgemeine Bewußtsein
gebracht, daß sie dafür, nämlich für die Tonwellen,
einen vorerst noch grauenhaft unvollkommenen
Empfänger und Sender konstruiert habe.

I told her that the omnipresence of all forces and actions
had been well known to the ancient Indians and that
technology had merely brought a small part of this fact
into general awareness by constructing a receiver and
transmitter for it, namely for the sound waves, which was
still horribly imperfect for the time being.

Die Hauptsache jener alten Erkenntnis, die   202.7
Unwirklichkeit der Zeit, sei bisher von der Technik
noch nicht bemerkt worden, schließlich werde aber
natürlich auch sie

The main point of that old realization, the unreality of time,
had not yet been noticed by technology, but eventually, of
course, it too would be

»entdeckt«   202.8

"discovered"

werden und den geschäftigen Ingenieuren in die   202.9
Finger geraten.

and fall into the hands of the busy engineers.

202.10 Man werde, vielleicht schon sehr bald, entdecken, daß nicht nur gegenwärtige, augenblickliche Bilder und Geschehnisse uns beständig umfluten, so, wie die Musik aus Paris und Berlin jetzt in Frankfurt oder Zürich hörbar gemacht wird, sondern daß alles je Geschehene ganz ebenso registriert und vorhanden sei und daß wir wohl eines Tages, mit oder ohne Draht, mit oder ohne störende Nebengeräusche, den König Salomo und den Walther von der Vogelweide werden sprechen hören.

It will be discovered, perhaps very soon, that not only present, instantaneous images and events constantly flood around us, just as the music from Paris and Berlin is now made audible in Frankfurt or Zurich, but that everything that has ever happened is also registered and present and that one day we will probably hear King Solomon and Walther von der Vogelweide speak, with or without wires, with or without disturbing background noises.

202.11 Und daß dies alles, ebenso wie heute die Anfänge des Radios, den Menschen nur dazu dienen werde, von sich und ihrem Ziele weg zu fliehen und sich mit einem immer dichteren Netz von Zerstreuung und nutzlosem Beschäftigtsein zu umgeben.

And that all this, just like the beginnings of radio today, would only serve people to flee from themselves and their goal and surround themselves with an ever denser network of distraction and useless occupation.

Aber ich sagte alle diese mir geläufigen Dinge nicht   202.12
mit dem gewohnten Ton von Erbitterung und Hohn
gegen die Zeit und gegen die Technik, sondern
scherzhaft und spielend, und die Tante lächelte,
und wir saßen wohl eine Stunde beisammen, tranken
Tee und waren zufrieden.

But I said all these familiar things not with the usual tone
of bitterness and scorn against time and technology, but
jokingly and playfully, and my aunt smiled, and we sat
together for an hour, drank tea and were satisfied.

Auf Dienstag abend hatte ich das schöne,   203.1
merkwürdige Mädchen aus dem Schwarzen Adler
eingeladen, und die Zeit bis dahin herumzubringen,
machte mir nicht wenig Mühe.

I had invited the beautiful, strange girl from the Black
Eagle for Tuesday evening, and it was no small effort to get
the time around until then.

Und als endlich der Dienstag gekommen war,   203.2

And when Tuesday finally came,

war mir die Wichtigkeit meiner Beziehung zu   203.3
dem unbekannten Mädchen bis zum Erschrecken
klargeworden.

I realized the importance of my relationship with the
unknown girl to the point of shock.

Ich dachte nur an sie, ich erwartete alles von ihr, ich   203.4
war bereit, ihr alles zu opfern und zu Füßen zu legen,
ohne doch im mindesten in sie verliebt zu sein.

I thought only of her, I expected everything from her, I was
prepared to sacrifice and lay everything at her feet without
being the least bit in love with her.

203.5 Ich brauchte mir nur vorzustellen, sie würde unsere Verabredung brechen oder vergessen können, dann sah ich deutlich, wie es mit mir stand;

I only had to imagine that she would break our appointment or forget it, then I would see clearly how things stood with me;

203.6 dann wäre die Welt wieder leer, wäre ein Tag so grau und wertlos wie der andre, wäre um mich her wieder die ganze grauenvolle Stille und Erstorbenheit gewesen und kein Ausgang aus dieser schweigsamen Hölle als das Rasiermesser.

then the world would be empty again, one day would be as gray and worthless as the next, the whole dreadful silence and deadness would be around me again and there would be no exit from this silent hell but the razor.

203.7 Und das Rasiermesser war mir in diesen paar Tagen um nichts lieber geworden,

And the razor had not become any dearer to me in these few days,

203.8 es hatte nichts von seinem Schrecken verloren.

it had lost none of its horror.

203.9 Dies eben war ja das Häßliche:

That was the ugly thing:

203.10 ich hatte eine tiefe, herzerdrückende Angst vor dem Schnitt durch meine Kehle, ich fürchtete mich vor dem Sterben mit ebenso wilder, zäher, sich wehrender und bäumender Kraft, als wenn ich der gesundeste Mensch und mein Leben ein Paradies gewesen wäre.

I had a deep, heart-crushing fear of the cut through my throat, I feared dying with just as much wild, tenacious, resisting and rearing power as if I had been the healthiest person and my life had been a paradise.

Ich erkannte meinen Zustand mit voller, rücksichtsloser Deutlichkeit und erkannte, daß die unerträgliche Spannung zwischen Nichtlebenkönnen und Nichtsterbenkönnen es war, die mir die Unbekannte, die kleine hübsche Tänzerin aus dem Schwarzen Adler, so wichtig machte.

203.11

I recognized my condition with full, ruthless clarity and realized that it was the unbearable tension between not being able to live and not being able to die that made the stranger, the pretty little dancer from the Black Eagle, so important to me.

Sie war das kleine Fensterchen,

203.12

She was the little window,

das winzige lichte Loch in meiner finstern Angsthöhle.

203.13

the tiny light hole in my dark cave of fear.

Sie war die Erlösung, der Weg ins Freie.

203.14

She was the salvation, the way out.

Sie mußte mich leben lehren oder sterben lehren, sie mit ihrer festen und hübschen Hand mußte mein erstarrtes Herz antasten, damit es unter der Berührung des Lebens entweder aufblühe oder in Asche zerfalle.

203.15

She had to teach me to live or to die, she had to touch my frozen heart with her firm and beautiful hand so that it would either blossom or crumble into ashes under the touch of life.

203.16 Woher sie diese Kräfte nahm, woher die Magie ihr kam, aus welchen geheimnisvollen Gründen ihr diese tiefe Bedeutung für mich erwachsen war, darüber konnte ich nicht nachdenken, es war auch einerlei;

Where she got these powers from, where the magic came from, for what mysterious reasons this deep meaning for me had grown for her, I couldn't think about that, it didn't matter;

203.17 mir lag nichts daran, dies zu wissen.

I didn't care to know.

203.18 An keinem Wissen, an keiner Einsicht war mir mehr das mindeste gelegen, eben damit war ich ja überfüttert, eben darin lag die schärfste und höhnendste Qual und Schmach für mich, daß ich meinen eigenen Zustand so deutlich sah, seiner so sehr bewußt war.

I no longer had the slightest interest in any knowledge or insight, for I had been overfed with it, and that was the sharpest and most scornful torment and disgrace for me, that I saw my own condition so clearly, was so conscious of it.

203.19 Ich sah diesen Kerl, dieses Vieh von Steppenwolf vor mir wie eine Fliege im Netz, und sah zu, wie sein Schicksal der Entscheidung zutrieb, wie er verstrickt und wehrlos im Netze hing, wie die Spinne zum Zubeißen bereit war, wie eine rettende Hand ebenso nahe schien.

I saw this fellow, this beast of Steppenwolf, before me like a fly in a web, and watched his fate drifting towards a decision, how he hung entangled and defenseless in the web, how the spider was ready to bite, how a saving hand seemed just as near.

Ich hätte über die Zusammenhänge und Ursachen meines Leidens, meiner Seelenkrankheit, meiner Verhextheit und Neurose die klügsten und einsichtsvollsten Sachen sagen können, die Mechanik war mir durchsichtig. 203.20

I could have said the cleverest and most insightful things about the connections and causes of my suffering, my mental illness, my bewitchment and neurosis; the mechanics were clear to me.

Aber nicht Wissen und Verstehen war es, was not tat, wonach ich mich so verzweifelt sehnte, sondern Erleben, Entscheidung, Stoß und Sprung. 203.21

But it was not knowledge and understanding that I so desperately longed for, but experience, decision, push and leap.

Obwohl ich in jenen paar Tagen des Wartens niemals daran zweifelte, daß meine Freundin ihr Wort halten werde, war ich am letzten Tage doch sehr erregt und ungewiß; 204.1

Although during those few days of waiting I never doubted that my friend would keep her word, on the last day I was very excited and uncertain;

nie im Leben habe ich ungeduldiger auf den Abend eines Tages gewartet. 204.2

never in my life have I waited more impatiently for the evening of a day.

Und während die Spannung und Ungeduld mir beinahe unerträglich wurde, 204.3

And while the tension and impatience became almost unbearable,

tat sie zugleich doch wunderbar wohl: 204.4

at the same time it was wonderfully pleasant:

204.5 unausdenklich schön und neu war es für mich, den Ernüchterten, der seit langer Zeit auf nichts gewartet, sich auf nichts gefreut hatte –

it was unthinkably beautiful and new for me, the disillusioned man who had been waiting for nothing for a long time, looking forward to nothing –

204.6 wunderbar war es, diesen ganzen Tag voll Unruhe, Bangigkeit und heftiger Erwartung hin und her zu rennen, sich die Begegnung, die Gespräche, die Ergebnisse des Abends im voraus auszudenken, sich dafür zu rasieren und anzukleiden (mit besonderer Sorgfalt, neuem Hemd, neuer Krawatte, neuen Schuhsenkeln).

it was wonderful to spend this whole day running back and forth full of restlessness, anxiety and fierce anticipation, thinking up the meeting, the conversations, the results of the evening in advance, shaving and dressing for it (with special care, new shirt, new tie, new shoelaces).

204.7 Mochte dies kluge und geheimnisvolle kleine Mädchen sein, wer sie wollte, mochte sie auf diese oder auf jene Weise in diese Beziehung zu mir geraten sein, mir war es einerlei;

Whether this clever and mysterious little girl was who she wanted, whether she had come into this relationship with me in one way or another, it didn't matter to me;

204.8 sie war da, das Wunder war geschehen, daß ich nochmals einen Menschen und ein neues Interesse am Leben gefunden hatte!

she was there, the miracle had happened, that I had found another person and a new interest in life!

Wichtig war nur, daß dies weiterging, daß ich mich dieser Anziehung überließ, diesem Stern folgte.

204.9

The only important thing was that this continued, that I surrendered to this attraction, that I followed this star.

Unvergeßlicher Augenblick, als ich sie wiedersah!

205.1

Unforgettable moment when I saw her again!

Ich saß an einem kleinen Tisch des alten behaglichen Restaurants, den ich unnötigerweise vorher telephonisch bestellt hatte, studierte die Speisekarte und hatte im Wasserglas zwei schöne Orchideen stehen, die ich für meine Freundin gekauft hatte.

205.2

I was sitting at a small table in the cozy old restaurant, which I had unnecessarily ordered by telephone beforehand, studying the menu and had two beautiful orchids in my water glass that I had bought for my friend.

Ich mußte eine ganze Weile auf sie warten,

205.3

I had to wait quite a while for her,

fühlte mich aber ihres Kommens sicher und war nicht mehr erregt.

205.4

but I felt sure she was coming and was no longer excited.

Und nun kam sie, blieb vor der Garderobe stehen und grüßte mich nur durch einen aufmerksamen, etwas prüfenden Blick aus ihren hellgrauen Augen.

205.5

And now she came, stopped in front of the checkroom and greeted me only with an attentive, somewhat scrutinizing look from her light grey eyes.

Mißtrauisch kontrollierte ich, wie sich der Kellner gegen sie benehme.

205.6

I suspiciously checked how the waiter was behaving towards her.

205.7 **Nein, Gott sei Dank, keine Vertraulichkeit, kein Mangel an Distanz, er war tadellos höflich.**
No, thank God, no confidentiality, no lack of distance, he was impeccably polite.

205.8 **Und doch kannten sie sich, sie nannte ihn Emil.**
And yet they knew each other, she called him Emil.

206.1 **Als ich ihr die Orchideen gab, war sie erfreut und lachte.**
When I gave her the orchids, she was delighted and laughed.

206.2 **»Das ist hübsch von dir, Harry.**
"That's nice of you, Harry.

206.3 **Du wolltest mir ein Geschenk machen, nicht wahr, und wußtest nicht recht, was wählen, du wußtest nicht so ganz, wieweit du eigentlich berechtigt seiest, mich zu beschenken, ob ich nicht beleidigt sein werde, und da hast du denn Orchideen gekauft, das sind bloß Blumen und sind doch hübsch teuer.**
You wanted to give me a present, didn't you, and you didn't quite know what to choose, you didn't quite know to what extent you were actually entitled to give me a present, whether I wouldn't be offended, and so you bought orchids, they're just flowers and they're pretty expensive.

206.4 **Also danke schön.**
So thank you very much.

206.5 **Übrigens will ich dir gleich sagen:**
By the way, I want to tell you right away:

206.6 **ich will nicht von dir beschenkt werden.**
I don't want to be given presents by you.

Ich lebe von den Männern, aber von dir will ich nicht leben. 206.7

I live off men, but I don't want to live off you.

Aber wie du dich verändert hast! Man kennt dich nicht wieder. 206.8

But how you've changed! People don't recognize you.

Neulich hast du ausgesehen, als hätte man dich grade vom Strick abgeschnitten, und jetzt bist du schon beinah wieder ein Mensch. 206.9

The other day you looked as if you'd just been cut from the rope, and now you're almost human again.

Hast du übrigens meinen Befehl ausgeführt?« 206.10

By the way, did you carry out my order?"

»Welchen Befehl?« 207.1

"What order?"

»So vergeßlich? Ich meine, ob du jetzt Foxtrott tanzen kannst? 208.1

"So forgetful? I mean, can you fox-trot now?

Du hast mir gesagt, daß du dir nichts Besseres wünschest, als Befehle von mir zu erhalten, dir sei nichts lieber, als mir zu gehorchen. 208.2

You told me that you wanted nothing better than to take orders from me, that you liked nothing better than to obey me.

Erinnerst du dich?« 208.3

Do you remember?"

209.1 »O ja, und dabei soll es bleiben! Es war mir Ernst.«
"Oh yes, and it should stay that way! I was serious."

210.1 »Und doch hast du noch nicht tanzen gelernt?«
"And yet you haven't learned to dance yet?"

211.1 »Kann man denn das so schnell, bloß in ein paar Tagen?«
"Can you do it that quickly, in just a few days?"

212.1 »Natürlich. Fox kannst du in einer Stunde lernen,
"Of course. You can learn fox in an hour,

212.2 Boston in zwei. Tango geht länger,
Boston in two. Tango takes longer,

212.3 aber den brauchst du gar nicht.«
but you don't need it."

213.1 »Aber jetzt muß ich endlich deinen Namen wissen!«
"But now I finally have to know your name!"

214.1 Sie blickte mich eine Weile schweigend an.
She looked at me in silence for a while.

215.1 »Du kannst ihn vielleicht erraten.
"Maybe you can guess him.

215.2 Es wäre mir sehr lieb, wenn du ihn erraten würdest.
I would be very happy if you could guess him.

215.3 Paß einmal auf und sieh mich gut an!
Pay attention and take a good look at me!

Ist dir noch nicht aufgefallen, daß ich manchmal ein Knabengesicht habe? 215.4

Haven't you noticed that I sometimes have a boy's face?

Zum Beispiel jetzt?« 215.5

For example now?"

Ja, indem ich jetzt ihr Gesicht genau betrachtete, mußte ich ihr recht geben, es war ein Knabengesicht. 216.1

Yes, now that I looked closely at her face, I had to agree with her, it was a boy's face.

Und als ich mir eine Minute Zeit ließ, begann das Gesicht zu mir zu sprechen und erinnerte mich an meine eigene Knabenzeit und an meinen damaligen Freund, der hatte Hermann geheißen. 216.2

And when I took a minute, the face began to speak to me and reminded me of my own boyhood and of my friend at the time, whose name had been Hermann.

Einen Augenblick schien sie ganz in diesen Hermann verwandelt. 216.3

For a moment, it seemed to be completely transformed into this Hermann.

»Wenn du ein Knabe wärst«, sagte ich staunend, 217.1

"If you were a boy", I said in amazement,

»müßtest du Hermann heißen.« 217.2

"your name would have to be Hermann."

»Wer weiß, vielleicht bin ich einer und bin bloß verkleidet«, sagte sie spielerisch. 218.1

"Who knows, maybe I am one and I'm just in disguise", she said playfully.

219.1 »Heißt du Hermine?«
"Is your name Hermione?"

220.1 Sie nickte strahlend, froh über mein Erraten.
She nodded radiantly, happy about my guess.

220.2 Eben kam die Suppe, wir begannen zu essen, und sie
wurde kindlich vergnügt.
Just then the soup came, we began to eat, and she became
childishly amused.

220.3 Von allem, was mir an ihr gefiel und mich bezauberte,
war dies das hübscheste und eigenartigste, daß sie
ganz plötzlich vom tiefsten Ernst zur drolligsten
Lustigkeit übergehen konnte und umgekehrt und
sich dabei gar nicht änderte und verzerrte, es war wie
bei einem begabten Kind.
Of all the things I liked about her and found enchanting,
this was the prettiest and most peculiar, that she could
suddenly change from the deepest seriousness to the
drollest amusement and vice versa, without changing
or distorting herself at all; it was like a gifted child.

220.4 Jetzt war sie eine Weile lustig, neckte mich mit dem
Foxtrott, stieß mich sogar mit den Füßen an, lobte
das Essen mit Eifer, bemerkte, daß ich mir mit dem
Anziehen Mühe gegeben habe, hatte aber noch eine
Menge an meinem Äußeren auszusetzen.
Now she was funny for a while, teased me with the foxtrot,
even nudged me with her feet, praised the food with
enthusiasm, remarked that I had made an effort to get
dressed, but still had a lot to criticize about my appearance.

221.1 Zwischenein fragte ich sie: »Wie hast du das gemacht,
In between I asked her: "How did you do that,

daß du plötzlich wie ein Knabe aussahest und daß ich   221.2
deinen Namen erraten konnte?«

that you suddenly looked like a boy and that I could guess
your name?"

»O, das hast alles du selber gemacht.   222.1

"Oh, you did all that yourself.

Begreifst du das nicht, du gelehrter Herr: daß ich dir   222.2
darum gefalle und für dich wichtig bin, weil ich wie
eine Art Spiegel für dich bin, weil in mir innen etwas
ist, was dir Antwort gibt und dich versteht?

Don't you realize, you learned gentleman, that I please you
and am important to you because I am like a kind of mirror
for you, because there is something inside me that answers
you and understands you?

Eigentlich sollten alle Menschen füreinander   222.3
solche Spiegel sein und einander so antworten
und entsprechen, aber solche Käuze wie du sind
eben wunderlich und verlaufen sich leicht in
eine Verzauberung, daß sie in den Augen andrer
Menschen nichts mehr sehen und lesen können, daß
es sie nichts mehr angeht.

Actually, all people should be such mirrors for each other
and answer and correspond to each other in this way, but
oddballs like you are just strange and easily get lost in an
enchantment that they can no longer see and read anything
in the eyes of other people, that it no longer concerns them.

Und wenn dann so ein Kauz plötzlich doch wieder   222.4
ein Gesicht findet, das ihn wirklich anschaut, in dem
er etwas wie Antwort und Verwandtschaft spürt, ja,
dann hat er natürlich eine Freude.«

And when such an oddball suddenly finds a face again that
really looks at him, in which he feels something like an
answer and kinship, yes, then of course he is delighted."

222.5 »Du weißt alles, Hermine«, rief ich erstaunt.
"You know everything, Hermione", I exclaimed in amazement.

222.6 »Es ist genau so, wie du sagst.
"It's just as you say.

222.7 Und doch bist du so ganz und gar anders als ich!
And yet you are so completely different from me!

222.8 Du bist ja mein Gegenteil; du hast alles, was mir fehlt.«
You're my opposite; you have everything I lack."

223.1 »So kommt es dir vor«, sagte sie lakonisch, »und das ist gut.«
"That's how you feel", she said laconically, "and that's good."

223.2 Und jetzt floß über ihr Gesicht, das mir in der Tat wie ein Zauberspiegel war, eine schwere Wolke von Ernst, plötzlich sprach dies ganze Gesicht nur noch Ernst, nur noch Tragik, bodenlos wie aus den leeren Augen einer Maske.
And now a heavy cloud of seriousness flowed over her face, which was indeed like a magic mirror to me, suddenly this whole face spoke only seriousness, only tragedy, bottomless as if from the empty eyes of a mask.

223.3 Langsam, Wort für Wort wie widerwillig hergebend, sagte sie:
Slowly, word by reluctant word, she said:

224.1 »Du, vergiß nicht, was du zu mir gesagt hast!
"You, don't forget what you said to me!

Du hast gesagt, ich solle dir befehlen, und es würde   224.2
dir eine Freude sein, allen meinen Befehlen zu
gehorchen.
You told me to command you, and it would be your
pleasure to obey all my commands.

Vergiß das nicht! Du mußt wissen, kleiner Harry: 224.3
Don't forget that! You must know, little Harry:

so, wie es dir mit mir geht, daß mein Gesicht die   224.4
Antwort gibt, daß etwas in mir dir entgegenkommt
und dir Vertrauen macht –
just as it is with me that my face gives you the answer, that
something in me meets you and gives you confidence –

ebenso geht es mir auch mit dir.   224.5
so it is with you.

Als ich dich neulich im Schwarzen Adler   224.6
hereinkommen sah, so müd und abwesend und
schon beinah nicht mehr auf dieser Welt, da spürte
ich gleich:
When I saw you come into the Black Eagle the other day, so
tired and absent and almost out of this world, I felt at once:

der wird mir gehorchen, der sehnt sich danach, daß   224.7
ich ihm befehle!
he will obey me, he longs for me to command him!

Und das werde ich auch tun, darum habe ich   224.8
dich angesprochen, und darum sind wir Freunde
geworden.«
And that's what I will do, that's why I spoke to you, and
that's why we became friends."

225.1 Sie sprach so voll schweren Ernstes, so unter hohem Druck der Seele, daß ich nicht ganz mitkam und sie zu beruhigen und abzulenken suchte.

She spoke so earnestly, under such heavy pressure of the soul, that I couldn't quite keep up and tried to calm and distract her.

225.2 Sie schüttelte das nur mit einem Zucken der Augenbrauen von sich, sah mich zwingend an und fuhr fort, mit ganz kalter Stimme:

She only shook it off with a twitch of her eyebrows, looked at me forcibly and continued, in a very cold voice:

225.3 »Du mußt dein Wort halten, Kleiner, das sage ich dir, oder du sollst es bereuen.

"You must keep your word, little one, I tell you, or you shall regret it.

225.4 Du wirst viele Befehle von mir erhalten und wirst ihnen folgen, hübsche Befehle, angenehme Befehle, es wird dir eine Lust sein, ihnen zu gehorchen.

You will receive many orders from me and you will follow them, nice orders, pleasant orders, it will be a pleasure for you to obey them.

225.5 Und zuletzt wirst du auch meinen letzten Befehl erfüllen, Harry.«

And finally, Harry, you will also fulfill my last command."

226.1 »Ich werde«, sagte ich halb willenlos.

"I will", I said half-willingly.

226.2 »Was wird dein letzter Befehl für mich sein?«

"What will be your last command for me?"

226.3 Ich ahnte ihn aber schon, Gott weiß warum.

But I already suspected it, God knows why.

Sie schüttelte sich wie unter einem leichten
Frostschauer und schien aus ihrer Versunkenheit
langsam zu erwachen.

She shook herself as if under a light shower of frost and
seemed to slowly awaken from her absorption.

Ihre Augen ließen mich nicht los.

Her eyes wouldn't let go of me.

Sie wurde plötzlich noch finsterer.

She suddenly became even darker.

»Es wäre klug von mir, dir das nicht zu sagen.

"It would be wise of me not to tell you that.

Ich will aber nicht klug sein, Harry, diesmal nicht.

But I don't want to be clever, Harry, not this time.

Ich will etwas ganz anderes. Paß auf, hör zu!

I want something completely different. Watch out, listen!

Du wirst es hören, wirst es wieder vergessen, wirst
darüber lachen, wirst darüber weinen.

You'll hear it, you'll forget it, you'll laugh about it, you'll cry
about it.

Paß auf, Kleiner!

Watch out, little one!

Ich will mit dir um Leben und Tod spielen,
Brüderchen, und ich will dir meine Karten, noch
eh wir anfangen zu spielen, offen zeigen.«

I want to play for life and death with you, little brother, and
I want to show you my cards before we start playing."

227.10 **Wie schön war ihr Gesicht, wie überirdisch, als sie das sagte!**

How beautiful her face was, how unearthly, when she said that!

227.11 **In den Augen kühl und hell schwamm wissende Trauer, diese Augen schienen schon alles irgend erdenkliche Leid gelitten und ja dazu gesagt zu haben.**

Her eyes were cool and bright with knowing sorrow; they seemed to have already suffered every imaginable sorrow and said yes to it.

227.12 **Der Mund sprach schwer und wie behindert, etwa so, wie man spricht, wenn einem großer Frost das Gesicht erstarrt hat;**

Her mouth spoke with difficulty and as if it had been hindered, just as one speaks when one's face has been frozen by a great frost;

227.13 **aber zwischen den Lippen, in den Mundwinkeln, im Spiel der nur selten sichtbar werdenden Zungenspitze floß, im Widerspruch zu Blick und Stimme, lauter süße spielende Sinnlichkeit, inniges Lustverlangen.**

but between her lips, in the corners of her mouth, in the play of the tip of her tongue, which only rarely became visible, flowed, in contradiction to her gaze and voice, a sweet, playful sensuality, an intimate desire for pleasure.

In die stille glatte Stirn hing eine kurze Locke
herab, von dort aus, von dieser Stirnecke mit der
Locke her, strömte von Zeit zu Zeit wie lebendiger
Atem jene Welle von Knabenähnlichkeit, von
hermaphroditischer Magie. 227.14

A short curl hung down into the still, smooth forehead, and
from there, from this corner of the forehead with the curl,
that wave of boyishness, of hermaphroditic magic, flowed
from time to time like living breath.

Angstvoll hörte ich ihr zu und doch wie betäubt, 227.15

I listened to it fearfully and yet as if stunned,

wie nur halb anwesend. 227.16

as if only half present.

»Du hast mich gern«, fuhr sie fort, 228.1

"You like me", she continued,

»aus dem Grunde, den ich dir schon gesagt habe; 228.2

"for the reason I have already told you;

ich habe deine Einsamkeit durchbrochen, 228.3

I have broken through your loneliness,

ich habe dich gerade vor dem Tor der Hölle
aufgefangen und wieder aufgeweckt. 228.4

I have caught you just outside the gates of hell and woken
you up again.

Aber ich will mehr von dir, viel mehr. 228.5

But I want more from you, much more.

Ich will dich in mich verliebt machen. 228.6

I want to make you fall in love with me.

228.7 **Nein, widersprich mir nicht, laß mich reden!**
No, don't contradict me, let me talk!

228.8 **Du hast mich sehr gern, das spüre ich, und du bist mir dankbar, aber in mich verliebt bist du nicht.**
You like me very much, I can feel that, and you are grateful to me, but you are not in love with me.

228.9 **Ich will machen, daß du es wirst, das gehört zu meinem Beruf;**
I want to make you fall in love with me, that's part of my job;

228.10 **ich lebe ja davon, daß ich Männer in mich verliebt machen kann.**
after all, I make my living by making men fall in love with me.

228.11 **Aber paß gut auf, ich tue das nicht darum, weil ich gerade dich so entzückend fände.**
But be careful, I'm not doing it because I think you're so adorable.

228.12 **Ich bin nicht in dich verliebt, Harry, so wenig, wie du in mich.**
I'm not in love with you, Harry, any more than you are with me.

228.13 **Aber ich brauche dich, wie du mich brauchst.**
But I need you, just as you need me.

228.14 **Du brauchst mich jetzt, im Augenblick, weil du verzweifelt bist und einen Stoß nötig hast, der dich ins Wasser wirft und dich wieder lebendig macht.**
You need me now, right now, because you're desperate and you need a push to throw you in the water and bring you back to life.

Du brauchst mich, um tanzen zu lernen, lachen zu
lernen, leben zu lernen.

228.15

You need me to learn to dance, to learn to laugh, to learn to
live.

Ich aber brauche dich, nicht heute, später, auch zu
etwas sehr Wichtigem und Schönem.

228.16

But I need you, not today, later, even for something very
important and beautiful.

Ich werde dir, wenn du in mich verliebt sein
wirst, meinen letzten Befehl geben, und du wirst
gehorchen, und das wird für dich und mich gut sein.«

228.17

When you are in love with me, I will give you my last
command and you will obey, and that will be good for
you and for me."

Sie hob eine von den braunvioletten grüngeäderten
Orchideen ein wenig im Glase,

229.1

She lifted one of the brown-purple green-veined orchids a
little in the glass,

beugte ihr Gesicht einen Augenblick darüber und
starrte die Blume an.

229.2

bent her face over it for a moment and stared at the flower.

»Du wirst es nicht leicht haben, aber du wirst es tun.

230.1

"You won't have it easy, but you will do it.

Du wirst meinen Befehl erfüllen und wirst mich
töten.

230.2

You will fulfill my order and you will kill me.

Das ist es. Frage nicht mehr!«

230.3

That is it. Don't ask more!"

231.1 **Mit dem Blick noch bei der Orchidee, verstummte sie, ihr Gesicht entspannte sich, wie eine aufgehende Blumenknospe entrollte es sich aus Druck und Spannung, und plötzlich stand ein entzückendes Lächeln auf ihren Lippen, während die Augen noch einen Augenblick starr und gebannt blieben.**

With her eyes still fixed on the orchid, she fell silent, her face relaxed, like a rising flower bud it unfurled from pressure and tension, and suddenly there was a delightful smile on her lips, while her eyes remained fixed and spellbound for a moment.

231.2 **Und jetzt schüttelte sie den Kopf mit der kleinen Bubenlocke, trank einen Schluck Wasser, sah plötzlich wieder, daß wir beim Essen waren und fiel mit freudigem Appetit über die Speisen her.**

And now she shook her head with the little boy's curl, drank a sip of water, suddenly saw again that we were eating, and fell upon the food with a joyful appetite.

232.1 **Ich hatte Wort für Wort ihrer unheimlichen Rede deutlich gehört, hatte sogar ihren »letzten Befehl« erraten, noch ehe sie ihn aussprach, und war über das »Du wirst mich töten« nicht mehr erschrocken.**

I had clearly heard word for word of her eerie speech, had even guessed her "last command" before she spoke it, and was no longer frightened by the "You will kill me".

232.2 **Alles, was sie sagte, klang mir überzeugend und schicksalhaft, ich nahm es an und wehrte mich nicht dagegen, und doch war alles, trotz des grauenhaften Ernstes, mit dem sie gesprochen hatte, für mich ohne volle Wirklichkeit und Ernsthaftigkeit.**

Everything she said sounded convincing and fateful to me, I accepted it and did not resist it, and yet, despite the gruesome seriousness with which she had spoken, everything was without full reality and seriousness for me.

Ein Teil meiner Seele sog ihre Worte auf und
glaubte ihnen, ein andrer Teil meiner Seele nickte
begütigend und nahm zur Kenntnis, daß also doch
auch diese so kluge, gesunde und sichere Hermine
ihre Phantasien und Dämmerzustände habe.

232.3

One part of my soul absorbed her words and believed
them, another part of my soul nodded in sympathy and
acknowledged that even this clever, healthy and secure
Hermione had her fantasies and twilight states.

Kaum war ihr letztes Wort gesprochen, so überzog
eine Schicht von Unwirklichkeit und Unwirksamkeit
die ganze Szene.

232.4

No sooner had her last word been spoken than a layer of
unreality and ineffectiveness covered the whole scene.

Immerhin konnte ich nicht mit derselben
seiltänzerischen Leichtigkeit wie Hermine den
Sprung ins Wahrscheinliche und Wirkliche zurück
tun.

233.1

After all, I couldn't make the leap back into the probable
and real with the same tightrope-walking ease as
Hermione.

»Also ich werde dich einmal töten?«

234.1

"So I'm going to kill you one day?"

fragte ich, leise nachträumend, während sie schon
wieder lachte und voll Eifer ihr Geflügel zerschnitt.

234.2

I asked, quietly daydreaming, while she laughed again and
eagerly cut up her poultry.

»Natürlich«, nickte sie obenhin, »genug davon,

235.1

"Of course", she nodded upstairs, "enough of that,

235.2 **es ist Essenszeit. Harry,**
it's dinnertime. Harry,

235.3 **sei nett und bestelle mir noch ein wenig grünen Salat!**
be nice and order me some more green salad!

235.4 **Hast du denn keinen Appetit?**
Don't you have an appetite?

235.5 **Ich glaube, du mußt alles erst lernen, was sich bei andern Menschen von selber versteht, sogar die Freude am Essen.**
I think you have to learn everything that comes naturally to other people, even the pleasure of eating.

235.6 **Also sieh, Kleiner, dies hier ist ein Entenbeinchen, und wenn man das helle hübsche Fleisch vom Knochen löst, dann ist das ein Fest, und es muß einem dabei gerade so appetitlich und spannend und dankbar ums Herz sein, wie einem Verliebten, wenn er seinem Mädchen zum erstenmal aus der Jacke hilft.**
So look, little one, this here is a duck's leg, and when you peel the bright, pretty meat from the bone, it's a feast, and it must be just as appetizing and exciting and grateful to your heart as a lover is when he helps his girl out of her jacket for the first time.

235.7 **Hast du verstanden? Nicht? Du bist ein Schaf.**
Do you understand? Don't you? You are a sheep.

235.8 **Paß auf, ich gebe dir ein Stück von diesem schönen Entenbeinchen, du wirst sehen.**
Watch out, I'll give you a piece of this beautiful duck leg, you'll see.

So, mach den Mund auf! – O, was für ein Scheusal du   235.9
bist!
Now, open your mouth! – Oh, what a monster you are!

Jetzt hat er, weiß Gott, zu den andern Leuten   235.10
hinübergeschielt, ob sie es nicht sehen, wenn er
einen Bissen von meiner Gabel kriegt!
Now, God knows, he's been looking over at the other people
to see if they don't see when he gets a bite from my fork!

Sei ohne Sorge, du verlorener Sohn, ich werde dir   235.11
keine Schande machen.
Don't worry, you prodigal son, I won't disgrace you.

Aber wenn du zu deinem Vergnügen erst die   235.12
Erlaubnis anderer Leute brauchst,
But if you need other people's permission for your pleasure
first,

dann bist du wirklich ein armer Tropf.«   235.13
then you really are a poor wretch."

Immer unwirklicher wurde die vorige Szene, immer   236.1
unglaublicher, daß diese Augen noch vor Minuten so
schwer und grauenvoll gestarrt hatten.
The previous scene became more and more unreal, more
and more incredible that those eyes had stared so heavily
and gruesomely only minutes ago.

Oh, darin war Hermine wie das Leben selbst: 236.2
Oh, in that Hermione was like life itself:

stets nur Augenblick, nie im voraus zu berechnen.   236.3
always only a moment, never to be calculated in advance.

236.4 Jetzt aß sie, und das Entenbein und der Salat, die Torte und der Likör wurden ernst genommen, wurden zum Gegenstand von Freude und Urteil, von Gespräch und Phantasie.

Now she ate, and the duck's leg and the salad, the cake and the liqueur were taken seriously, became the object of pleasure and judgment, of conversation and imagination.

236.5 War der Teller weggetragen, so begann ein neues Kapitel.

Once the plate had been taken away, a new chapter began.

236.6 Diese Frau, die mich so vollkommen durchschaut hatte, die mehr über das Leben zu wissen schien als alle Weisen, betrieb das Kindsein, das kleine Lebensspiel des Augenblicks mit einer Kunst, die mich ohne weiteres zu ihrem Schüler machte.

This woman, who had seen through me so completely, who seemed to know more about life than all the wise men, practiced being a child, the little game of life in the moment, with an art that made me her pupil without further ado.

236.7 Mochte das nun hohe Weisheit sein oder einfachste Naivität: wer so dem Augenblick zu leben verstand, wer so gegenwärtig lebte und so freundlichsorgsam jede kleine Blume am Weg, jeden kleinen spielerischen Augenblickswert zu schätzen wußte, dem konnte das Leben nichts anhaben.

Whether it was high wisdom or the simplest naivety, anyone who knew how to live in the moment, who lived so presently and so kindly and carefully appreciated every little flower along the way, every little playful moment, could not be harmed by life.

Und dieses frohe Kind mit seinem guten Appetit, mit 236.8
seiner spielerischen Feinschmeckerei sollte zugleich
eine Träumerin und Hysterikerin sein, die sich den
Tod wünschte, oder eine wachsame Rechnerin, die
mich bewußt und kühlen Herzens verliebt und zu
ihrem Sklaven machen wollte?

And this happy child with her good appetite, with her
playful gourmandism, was supposed to be both a dreamer
and a hysteric who wished for death, or a vigilant reckoner
who consciously and coolly wanted to make me her slave?

Das konnte nicht sein. 236.9

That could not be.

Nein, sie war einfach so ganz dem Augenblick 236.10
ergeben, daß sie, ebenso wie jedem lustigen Einfall,
auch jedem flüchtigen dunklen Schauer aus fernen
Seelentiefen her offenstand und ihn sich ausleben
ließ.

No, she was simply so completely devoted to the moment
that she was open to every fleeting dark shiver from the
distant depths of her soul, just as she was to every amusing
idea, and let it live out.

Diese Hermine, die ich heut zum zweiten Male sah, 237.1
wußte alles von mir, es schien mir nicht möglich, je
vor ihr ein Geheimnis zu haben.

This Hermione, whom I saw for the second time today,
knew everything about me; it seemed to me impossible ever
to keep a secret from her.

Es mochte sein, daß sie mein geistiges Leben 237.2
vielleicht nicht ganz verstanden hätte;

It may be that she might not have fully understood my
intellectual life;

237.3 in meine Beziehungen zur Musik, zu Goethe,
zu Novalis oder Baudelaire vermöchte sie mir
möglicherweise nicht zu folgen –

she might not be able to follow me in my relations to music,
to Goethe, to Novalis or Baudelaire –

237.4 aber auch dies war sehr fraglich,

but even this was very doubtful,

237.5 wahrscheinlich würde auch dies ihr keine Mühe
machen.

probably this would not trouble her either.

237.6 Und wenn auch –

And even if she did –

237.7 was war denn von meinem »geistigen Leben« noch
übrig?

what was left of my "intellectual life"?

237.8 Lag das nicht alles in Scherben und hatte seinen Sinn
verloren?

Wasn't it all in shambles and had lost its meaning?

237.9 Aber meine anderen, meine persönlichsten Probleme
und Anliegen, die würde sie alle verstehen, daran
zweifelte ich nicht.

But my other, my most personal problems and concerns,
she would understand them all, I had no doubt about that.

237.10 Bald würde ich mit ihr über den Steppenwolf, über
den Traktat, über alles und alles reden, was bisher
nur für mich allein existiert, worüber ich nie mit
einem Menschen ein Wort gesprochen hatte.

Soon I would be talking to her about Steppenwolf, about
the treatise, about everything and anything that had
previously only existed for me alone, about which I had
never spoken a word to anyone.

Ich konnte nicht widerstehen, gleich zu beginnen. 237.11
I couldn't resist starting right away.

»Hermine«, sagte ich, 238.1
"Hermione", I said,

»mir ist neulich etwas Wunderliches begegnet. 238.2
'I came across something wonderful the other day.

Da gab ein Unbekannter mir ein kleines gedrucktes 238.3
Büchlein, ein Ding wie ein Jahrmarktsheft, und
darin stand meine ganze Geschichte und alles, was
mich angeht, genau beschrieben.
A stranger gave me a little printed booklet, a thing like
a fairground booklet, and in it my whole history and
everything that concerns me was described in detail.

Sag, ist das nicht merkwürdig?« 238.4
Tell me, isn't that strange?"

»Wie heißt denn das Büchlein?« fragte sie leichthin. 239.1
"What's the name of the book?" she asked lightly.

»Es heißt ›Traktat vom Steppenwolf‹.« 240.1
"It's called 'Tract of the Steppenwolf'."

»O, Steppenwolf ist großartig! Und der Steppenwolf 241.1
bist du?
"Oh, Steppenwolf is great! And you are the Steppenwolf?

Das sollst du sein?« 241.2
That's what you're supposed to be?"

»Ja, ich bin es. 242.1
"Yes, it's me.

242.2 Ich bin einer, der halb ein Mensch ist und halb ein
Wolf, oder der sich das einbildet.«

I am one who is half human and half wolf, or who imagines
that I am."

243.1 Sie gab keine Antwort.

She gave no answer.

243.2 Sie sah mir mit forschender Aufmerksamkeit in
die Augen, sah auf meine Hände, und für einen
Moment kam in ihren Blick und ihr Gesicht wieder
der tiefe Ernst und die düstere Leidenschaftlichkeit
von vorhin.

She looked into my eyes with searching attention, looked at
my hands, and for a moment the deep seriousness and dark
passion of before returned to her gaze and her face.

243.3 Ich glaubte, ihre Gedanken zu erraten, ob ich
nämlich Wolf genug sei, um ihren »letzten Befehl«
vollziehen zu können.

I thought I could guess what she was thinking, namely
whether I was wolf enough to carry out her "last
command".

244.1 »Es ist natürlich eine Einbildung von dir«, sagte sie,
sich zurück ins Heitere wandelnd,

"It's your imagination, of course", she said, turning back to
serenity,

244.2 »oder, wenn du willst, eine Poesie. Aber es hat etwas.

"or, if you like, poetry. But it has something.

Heute bist du kein Wolf, aber neulich, wie du da in 244.3
den Saal hereinkamst, wie vom Mond gefallen, da
warst du schon so ein Stück Bestie, gerade das hat mir
gefallen.«

You're not a wolf today, but the other day, when you came
into the hall as if you'd fallen from the moon, you were
such a beast, I liked that."

Sie unterbrach sich mit einem plötzlichen Einfall 245.1
und sagte wie betroffen:

She interrupted herself with a sudden idea and said as if
struck:

»Das klingt so dumm, so ein Wort wie ›Bestie‹ oder 245.2

"That sounds so stupid, a word like 'beast' or

›Raubtier‹! Man sollte nicht so von den Tieren reden. 245.3

'predator'! You shouldn't talk about animals like that.

Sie sind ja oft schrecklich, 245.4

They are often terrible,

aber sie sind doch viel richtiger als die Menschen.« 245.5

but they are much more real than humans."

»Was ist ›richtig‹? Wie meinst du das?« 246.1

"What is 'right'? What do you mean?"

»Nun, sieh dir doch ein Tier an, eine Katze, einen 247.1
Hund, einen Vogel oder gar eins von den schönen
großen Tieren im Zoologischen, einen Puma oder
eine Giraffe!

"Well, look at an animal, a cat, a dog, a bird or even one of
the beautiful big animals in the zoo, a puma or a giraffe!

247.2 Du mußt doch sehen, daß sie alle richtig sind, daß gar kein einziges Tier in Verlegenheit ist oder nicht weiß, was es tun und wie es sich benehmen soll.
You must see that they are all right, that not a single animal is embarrassed or doesn't know what to do or how to behave.

247.3 Sie wollen dir nicht schmeicheln,
They don't want to flatter you,

247.4 sie wollen dir nicht imponieren. Kein Theater.
they don't want to impress you. No theater.

247.5 Sie sind, wie sie sind, wie Steine und Blumen oder wie Sterne am Himmel.
They are what they are, like stones and flowers or stars in the sky.

247.6 Verstehst du?«
Do you understand?"

248.1 Ich verstand.
I understood.

249.1 »Meistens sind Tiere traurig«, fuhr sie fort.
"Mostly animals are sad", she continued.

249.2 »Und wenn ein Mensch sehr traurig ist, nicht weil er Zahnweh hat oder Geld verloren, sondern weil er einmal für eine Stunde spürt, wie alles ist, das ganze Leben, und er ist dann richtig traurig, dann sieht er immer ein wenig einem Tier ähnlich –
"And when a person is very sad, not because he has a toothache or has lost money, but because he feels for an hour how everything is, his whole life, and then he is really sad, then he always looks a bit like an animal –

er sieht dann traurig aus,   249.3
he looks sad then,

aber richtiger und schöner als sonst.   249.4
but more real and more beautiful than usual.

So ist es, und so hast du ausgesehen, Steppenwolf, als   249.5
ich dich zuerst gesehen habe.«
That's how it is, and that's how you looked, Steppenwolf,
when I first saw you."

»Nun, Hermine, und was denkst du über jenes Buch,   250.1
in dem ich beschrieben stehe?«
"Well, Hermione, what do you think about the book in
which I am described?"

»Ach weißt du, ich mag nicht immer denken.   251.1
"Oh, you know, I don't always like to think.

Wir sprechen ein andermal davon.   251.2
We'll talk about it another time.

Du kannst es mir ja einmal zu lesen geben.   251.3
You can give it to me to read one day.

Oder nein, wenn ich einmal wieder zum Lesen   251.4
kommen sollte, dann gib mir eins von den Büchern,
die du selber geschrieben hast.«
Or no, if I ever get around to reading again, give me one of
the books you've written yourself."

Sie bat um Kaffee und schien eine Weile   252.1
unaufmerksam und zerstreut,
She asked for coffee and seemed inattentive and distracted
for a while,

252.2 dann plötzlich strahlte sie und schien mit ihren Grübeleien zu einem Ziel gelangt zu sein.
then suddenly she beamed and seemed to have reached a destination with her musings.

253.1 »Hallo«, rief sie freudig, »jetzt hab ich's!«
"Hello", she shouted happily, "now I've got it!"

254.1 »Was denn?«
"Like what?"

255.1 »Das mit dem Foxtrott, ich mußte die ganze Zeit daran denken.
"About the foxtrot, I couldn't stop thinking about it.

255.2 Also sag: hast du ein Zimmer,
So tell me,

255.3 in dem wir zwei hie und da eine Stunde tanzen könnten?
do you have a room where the two of us could dance for an hour here and there?

255.4 Es kann klein sein, das macht nichts, bloß darf nicht gerade irgendeiner unter dir wohnen, der dann heraufkommt und Skandal macht, wenn es über ihm ein wenig wackelt.
It can be small, it doesn't matter, but there mustn't be anyone living below you who then comes up and makes a scandal if it shakes a little above him.

255.5 Also gut, sehr gut! Dann kannst du zu Hause tanzen lernen.«
All right, very good! Then you can learn to dance at home."

»Ja«, sagte ich schüchtern, »desto besser. 256.1

"Yes", I said shyly, "all the better.

Aber ich dachte, man brauche auch Musik dazu.« 256.2

But I thought you also needed music to go with it."

»Natürlich braucht man. 257.1

"Of course you need it.

Also paß auf, die Musik wirst du dir kaufen, das 257.2
kostet höchstens soviel wie ein Tanzkurs bei einer
Lehrerin.

So watch out, you'll buy the music, it'll cost you at most as
much as a dance course with a teacher.

Die Lehrerin sparst du, die mache ich selber. 257.3

You can save on the teacher, I'll do it myself.

Dann haben wir Musik, sooft wir wollen, und das 257.4
Grammophon bleibt uns obendrein.«

Then we'll have music as often as we want, and we'll keep
the gramophone to boot."

»Das Grammophon?« 258.1

"The gramophone?"

»Selbstverständlich. 259.1

"Of course.

Du kaufst so einen kleinen Apparat und ein paar 259.2
Tanzplatten dazu ...«

You buy a little machine like this and a few dance records to
go with it ..."

260.1 »Herrlich«, rief ich,

"Wonderful", I exclaimed,

260.2 »und wenn es dir wirklich gelingt, mir das Tanzen beizubringen, dann bekommst du das Grammophon als Honorar.

"and if you really succeed in teaching me to dance, you'll get the gramophone as your fee.

260.3 Einverstanden?«

Agreed? "

261.1 Ich sagte das sehr forsch, aber es kam nicht von Herzen.

I said this very boldly, but it wasn't from the heart.

261.2 In meinem Studierstübchen mit den Büchern konnte ich mir einen solchen, mir keineswegs sympathischen Apparat nicht vorstellen, und auch gegen das Tanzen hatte ich vieles einzuwenden.

In my study room with the books, I couldn't imagine such an apparatus, which I didn't like at all, and I also had many objections to dancing.

261.3 So gelegentlich, hatte ich gedacht, konnte man es ja einmal probieren, obwohl ich überzeugt war, ich sei viel zu alt und steif und würde es nicht mehr lernen.

Occasionally, I thought, I could give it a try, although I was convinced that I was far too old and stiff and would never learn.

Aber nun so Schlag auf Schlag, das war mir zu rasch und heftig, und ich spürte alles in mir Widerstand leisten, was ich als alter verwöhnter Musikkenner gegen Grammophone, Jazz und moderne Tanzmusiken einzuwenden hatte.

261.4

But now, all at once, it was too fast and violent for me, and I felt everything in me resisting what I, as an old, spoiled music connoisseur, had objected to gramophones, jazz and modern dance music.

Daß jetzt in meiner Stube, neben Novalis und Jean Paul, in meiner Gedankenklause und Zuflucht amerikanische Tanzschlager erklingen und ich dazu tanzen sollte, das war eigentlich mehr, als ein Mensch von mir verlangen konnte.

261.5

The fact that American dance hits were now playing in my living room, next to Novalis and Jean Paul, in my hermitage of thoughts and refuge, and that I was supposed to dance to them, was actually more than a person could ask of me.

Aber es war ja nicht »ein Mensch«, der es verlangte;

261.6

But it wasn't "a person" who demanded it;

es war Hermine, und sie hatte zu befehlen. Ich gehorchte.

261.7

it was Hermione, and she had to give orders. I obeyed.

Natürlich gehorchte ich.

261.8

Of course I obeyed.

Wir trafen uns am nächsten Nachmittag in einem Café.

262.1

We met the next afternoon in a café.

262.2 **Hermine saß schon dort, als ich kam, trank Tee und zeigte mir lächelnd eine Zeitung, in der sie meinen Namen entdeckt hatte.**

Hermione was already sitting there when I arrived, drinking tea and smiling as she showed me a newspaper in which she had discovered my name.

262.3 **Es war eines der reaktionären Hetzblätter meiner Heimat,**

It was one of the reactionary diatribe papers in my home country,

262.4 **in welchen immer von Zeit zu Zeit heftige Schmähartikel gegen mich die Runde machten.**

in which fierce articles against me always made the rounds from time to time.

262.5 **Ich war während des Krieges Kriegsgegner gewesen, ich hatte nach dem Kriege gelegentlich zu Ruhe, Geduld, Menschlichkeit und Selbstkritik gemahnt und mich gegen die täglich schärfer, törichter und wilder werdende nationalistische Hetzerei gewehrt.**

I had been an opponent of the war during the war, and after the war I had occasionally called for calm, patience, humanity and self-criticism and defended myself against the nationalist agitation, which was becoming sharper, more foolish and wilder every day.

262.6 **Da stand nun wieder solch ein Angriff, schlecht geschrieben, halb vom Redakteur selbst verfaßt, halb aus den vielen ähnlichen Aufsätzen der ihm nahestehenden Presse zusammengestohlen.**

Now there was another such attack, badly written, half written by the editor himself, half stolen from the many similar articles in the press close to him.

Niemand schreibt bekanntlich so schlecht wie die Verteidiger alternder Ideologien, niemand treibt sein Handwerk mit weniger Sauberkeit und Mühewaltung.

262.7

As we all know, no one writes as badly as the defenders of ageing ideologies, no one plies their trade with less neatness and care.

Den Aufsatz hatte Hermine gelesen und hatte daraus erfahren, daß Harry Haller ein Schädling und vaterlandsloser Geselle sei und daß es natürlich mit dem Vaterland nicht anders als übel stehen könne, solange solche Menschen und solche Gedanken geduldet würden und die Jugend zu sentimentalen Menschheitsgedanken statt zur kriegerischen Rache am Erbfeind erzogen werde.

262.8

Hermione had read the essay and had learned from it that Harry Haller was a pest and a fellow without a fatherland and that of course things could not be anything but bad for the fatherland as long as such people and such thoughts were tolerated and young people were brought up to have sentimental thoughts of humanity instead of warlike revenge on the hereditary enemy.

»Bist du das?« fragte Hermine und zeigte auf meinen Namen.

263.1

"Is that you?" Hermione asked, pointing at my name.

»Nun, da hast du dir ordentlich Feinde gemacht, Harry.

263.2

"Well, you've made quite an enemy there, Harry.

Ärgert es dich?«

263.3

Does it annoy you?"

264.1 Ich las einige Zeilen, es war das Gewohnte, jedes einzelne dieser klischierten Schmähworte war mir seit Jahren bis zum Überdruß bekannt.

I read a few lines, it was the usual, every single one of these clichéd invectives had been familiar to me for years ad nauseam.

265.1 »Nein«, sagte ich, »es ärgert mich nicht,

"No", I said, "it doesn't annoy me,

265.2 ich bin längst daran gewöhnt.

I've long been used to it.

265.3 Ich habe ein paarmal die Meinung geäußert, jedes Volk und sogar jeder einzelne Mensch müsse, statt sich mit verlogenen politischen ›Schuldfragen‹ in Schlummer zu wiegen, bei sich selber nachforschen, wieweit wir selbst durch Fehler, Versäumnisse und üble Gewohnheiten mit am Kriege und an allem andern Weltelend schuldig sei, das sei der einzige Weg, um den nächsten Krieg vielleicht zu vermeiden.

I have expressed the opinion a few times that every nation and even every individual should, instead of lulling themselves to sleep with mendacious political 'questions of guilt', investigate to what extent we ourselves are to blame for the war and all other world misfortunes through mistakes, omissions and bad habits; that is the only way to perhaps avoid the next war.

265.4 Das verzeihen sie mir nicht,

They won't forgive me for that,

265.5 denn natürlich sind sie selber vollkommen unschuldig:

because of course they themselves are completely innocent:

der Kaiser, die Generäle, die Großindustriellen, die   265.6
Politiker, die Zeitungen –
the emperor, the generals, the big industrialists, the
politicians, the newspapers –

niemand hat sich das geringste vorzuwerfen,   265.7
nobody has the slightest thing to blame,

niemand hat irgendeine Schuld!   265.8
nobody has any guilt!

Man könnte meinen, es stehe alles herrlich   265.9
in der Welt, nur liegen ein Dutzend Millionen
totgeschlagener Menschen in der Erde.
You'd think everything was fine in the world, but there are
a dozen million dead people lying in the ground.

Und sieh, Hermine, wenn solche Schmähartikel   265.10
mich auch nicht mehr ärgern können, manchmal
machen sie mich doch traurig.
And you see, Hermine, even if such diatribes can no longer
annoy me, sometimes they do make me sad.

Zwei Drittel von meinen Landsleuten lesen diese   265.11
Art von Zeitungen, lesen jeden Morgen und Abend
diese Töne, werden jeden Tag bearbeitet, ermahnt,
verhetzt, unzufrieden und böse gemacht, und das
Ziel und Ende von dem allem ist wieder der Krieg,
ist der nächste, kommende Krieg, der wohl noch
scheußlicher sein wird, als dieser es war.
Two-thirds of my countrymen read these kinds of
newspapers, read these tones every morning and evening,
are worked on every day, admonished, incited, made
dissatisfied and angry, and the aim and end of it all is war
again, is the next war to come, which will probably be even
more horrible than this one was.

265.12 **Alles das ist klar und einfach, jeder Mensch könnte es begreifen, könnte in einer einzigen Stunde Nachdenkens dasselbe Ergebnis finden.**

All this is clear and simple, any person could understand it, could come to the same conclusion in a single hour of thought.

265.13 **Aber keiner will das, keiner will den nächsten Krieg vermeiden, keiner will sich und seinen Kindern die nächste Millionenschlächterei ersparen, wenn er es nicht billiger haben kann.**

But nobody wants that, nobody wants to avoid the next war, nobody wants to spare themselves and their children the next slaughter of millions if they can't have it cheaper.

265.14 **Eine Stunde nachdenken, eine Weile in sich gehen und sich fragen, wieweit man selber an der Unordnung und Bosheit in der Welt teilhat und mitschuldig ist –**

Think for an hour, reflect for a while and ask yourself to what extent you yourself participate in the disorder and wickedness in the world and are partly to blame –

265.15 **sieh, das will niemand! Und so wird es also weitergehen,**

see, nobody wants that! And so it will go on,

265.16 **und der nächste Krieg wird von vielen tausend Menschen Tag für Tag mit Eifer vorbereitet.**

and the next war is being prepared with zeal by many thousands of people day after day.

265.17 **Es hat mich, seit ich es weiß, gelähmt und zur Verzweiflung gebracht, es gibt für mich kein**

It has paralyzed me and driven me to despair ever since I found out about it, there is no

»Vaterland«

265.18

"fatherland"

und keine Ideale mehr, das ist alles ja bloß
Dekoration für die Herren, die das nächste
Schlachten vorbereiten.

265.19

and no ideals for me anymore, it's all just decoration for the
masters who are preparing the next battle.

Es hat keinen Sinn, irgend etwas Menschliches zu
denken, zu sagen, zu schreiben, es hat keinen Sinn,
gute Gedanken in seinem Kopf zu bewegen –

265.20

There's no point in thinking, saying or writing anything
human, there's no point in having good thoughts in your
head –

auf zwei, drei Menschen, welche das tun, kommen
Tag für Tag tausend Zeitungen, Zeitschriften, Reden,
öffentliche und geheime Sitzungen, die alle das
Gegenteil anstreben und auch erreichen.«

265.21

for every two or three people who do that, there are a
thousand newspapers, magazines, speeches, public and
secret meetings every day, all aiming at and achieving the
opposite."

Hermine hatte mit Teilnahme zugehört.

265.22

Hermione had listened with interest.

»Ja«, sagte sie nun, »da hast du schon recht.

266.1

"Yes", she said, "you're right about that.

Natürlich wird es wieder Krieg geben, man braucht
keine Zeitungen zu lesen, um das zu wissen.

266.2

Of course there will be war again, you don't need to read
the newspapers to know that.

266.3 **Darüber kann man natürlich traurig sein,**

Of course you can be sad about that,

266.4 **einen Wert hat das aber nicht.**

but it doesn't mean anything.

266.5 **Es ist gerade so, wie wenn einer darüber traurig ist, daß er trotz allem und allem, was er dagegen tun mag, unweigerlich einmal wird sterben müssen.**

It's just like when someone is sad about the fact that, despite everything and anything he may do to prevent it, he will inevitably have to die one day.

266.6 **Der Kampf gegen den Tod, lieber Harry, ist immer eine schöne, edle, wunderbare und ehrwürdige Sache, also auch der Kampf gegen den Krieg.**

The fight against death, dear Harry, is always a beautiful, noble, wonderful and honorable thing, and so is the fight against war.

266.7 **Aber er ist auch immer eine hoffnungslose Donquichotterie.«**

But it is also always a hopeless quixotry."

266.8 **»Das ist vielleicht wahr«, rief ich heftig,**

"That may be true", I cried vehemently,

266.9 **»aber mit solchen Wahrheiten wie der, daß wir doch alle bald sterben müssen und also alles wurst und egal ist, macht man das ganze Leben flach und dumm.**

"but with truths like that, that we must all die soon and that everything is irrelevant, you make the whole of life flat and stupid.

Ja sollen wir denn also alles wegwerfen, auf allen   266.10
Geist, auf alles Streben, auf alle Menschlichkeit
verzichten, den Ehrgeiz und das Geld weiterregieren
lassen und bei einem Glas Bier die nächste
Mobilmachung abwarten?«

So should we throw everything away, renounce all spirit,
all striving, all humanity, let ambition and money continue
to rule and wait for the next mobilization over a glass of
beer?"

Merkwürdig war der Blick, mit dem Hermine   267.1
mich nun ansah, ein Blick voll Belustigung, voll
Spott und Schelmerei und verständnisvoller
Kameradschaft und zugleich so voll Schwere, Wissen
und abgründigem Ernst!

The look with which Hermione now looked at me
was strange, a look full of amusement, mockery and
mischievousness and understanding camaraderie and
at the same time so full of gravity, knowledge and abysmal
seriousness!

»Das sollst du nicht«, sagte sie ganz mütterlich.   268.1

"You shouldn't", she said very motherly.

»Dein Leben wird auch dadurch nicht flach und   268.2
dumm, wenn du weißt, daß dein Kampf erfolglos
sein wird.

"Your life will not become shallow and stupid if you know
that your struggle will be unsuccessful.

Es ist viel flacher, Harry, wenn du für etwas Gutes   268.3
und Ideales kämpfst und nun meinst, du müssest es
auch erreichen.

It's much flatter, Harry, if you fight for something good and
ideal and now think you have to achieve it.

268.4 **Sind denn Ideale zum Erreichen da?**
Are ideals there to be achieved?

268.5 **Leben wir denn, wir Menschen, um den Tod abzuschaffen?**
Do we live, we humans, to abolish death?

268.6 **Nein, wir leben, um ihn zu fürchten und dann wieder zu lieben, und gerade seinetwegen glüht das bißchen Leben manchmal eine Stunde lang so schön.**
No, we live to fear it and then to love it again, and it is precisely because of it that the little bit of life sometimes glows so beautifully for an hour.

268.7 **Du bist ein Kind, Harry. Sei jetzt folgsam und komm mit mir,**
You are a child, Harry. Now be obedient and come with me,

268.8 **wir haben heut viel zu tun.**
we have a lot to do today.

268.9 **Ich werde mich heut nicht mehr um den Krieg und die Zeitungen kümmern.**
I won't bother about the war and the newspapers today.

268.10 **Und du?«**
And you?"

269.1 **O nein, auch ich war bereit.**
Oh no, I was ready too.

Möwenstein Books

www.mowenstein.com

Renowned Authors

H. G. Wells · Ernest Hemingway
H. P. Lovecraft · Lewis Carroll
Franz Kafka · Friedrich Nietzsche
Albert Einstein · Oscar Wilde
Hans Christian Andersen

Notable Works

Frankenstein · *Alice in Wonderland*
Heart of Darkness · *The Great Gatsby*
Siddhartha · *The Metamorphosis*
Thus Spoke Zarathustra

Translation Services

We offer translation services in various languages, including German, Spanish, Chinese, Korean, Arabic, and more. For custom translations or revisions, please contact us at:

Email: translation@mowenstein.com

Our Collections

Franz Kafka Collection

- *The Metamorphosis / Die Verwandlung*
- *The Trial / Der Prozess*
- *The Castle / Das Schloss*
- *and many more...*

Pakt mit dem Teufel

- *Faust Parts I & II* by Johann Wolfgang von Goethe
- *Doctor Faustus* by Christopher Marlowe

Portraits of Irishmen

- *The Picture of Dorian Gray* by Oscar Wilde
- *A Portrait of the Artist as a Young Man* by James Joyce

Children's Classics

- *Winnie-the-Pooh / Pu der Bär*
- *Brothers Grimm Fairy Tales*
- *Fairy Tales Told for Children*
    - Author: Hans Christian Andersen

Visit Us

At Möwenstein Books, we are committed to providing high-quality bilingual editions of classic works. Explore our collections and discover more titles across various genres and languages.

Website: www.mowenstein.com